R'DICK'S

RAMBLES AND RECOLLECTIONS.

Yours Sincerely
R. D. Othe

THE RAMBLES AND RECOLLECTIONS OF "R'DICK"

(ROBERT DOTTIE).

WITH ILLUSTRATIONS.

" ——— an ill-favoured thing, Sir; but mine own; a poor humour of mine, Sir."
—*Touchstone.—As You Like it.*

MANCHESTER:
ALBERT SUTTON, 8, DEANSGATE.
—
1898.

INDEX.

	PAGE
List of Illustrations	vi.
Editor's Preface	vii.
To My Readers	x.
New Year's Dayin'	1
On the Continent	5
Again on the Continent	12
Still on the Continent	18
To a Chum	31
Amung th' Lunys	33
Concernin' Comin' ov Age	36
On Football	42
Sketches in Ould Ireland	45
When we begin o' Growin' Yung Agen	63
Woodsmanship	66
On Things in General	68
A Chip Trip	71
A Buxton Episode	73
Wi th' Orphans	76
Mi Own Share.—Th' Diamond Jubilee, A.D. 1897	79
A Gleeful Pic-nic	90
At th' Boxing Club	97
Owd Friends	100
Fishin'.—I.	102
Fishin'.—II.	108
The Two Anglers	117
Th' Match	120
Aw Never Say Die	122
J. L. Tooleiana	125
Poor Jack—An Elegy	128
Mackerel Fishin'	130
Th' Scramblin' Army Pic-nic	136
Prospectin'	142
In the Country	145
Rare Doin's at "Eawr Shop"	148
R-Dick at the Shows	152

INDEX.—*Continued.*

	PAGE
A Dramatic Fete	164
R-Dick and the " Prince "	158
On the Tiles	161
A Life's Short History	165
At Chatsworth	167
The 1887 Jubilee	175
R-Dick at Southport	178
Amung th' Gipsies at Blackpool	184
Exhibitioning	188

LIST OF ILLUSTRATIONS.

Frontispiece	Facing Title.
A Saxony Singing Hall	Facing page 28
Killarney	,, ,, 45
A Curiosity of Killarney	,, ,, 59
A Buxton Episode	,, ,, 73
At the Boxing Club	,, ,, 97
The Little Joke of a Great Comedian	,, ,, 125
Mackerel Fishin'	,, ,, 130

EDITOR'S PREFACE.

ASKED to undertake the arrangement of a selection of " R'Dick's " fugitive and widely wandering sketches, I——— " whispering I would ne'er consent—consented."

With an air as of maiden coyness—of bashful reluctance—I tried to seem to want to be persuaded.

The pretence was too diaphanous, and was seen through as readily as you could put your foot through a bonnet-box.

Any genuine trepidation I might have felt had no chance when it was clearly demonstrated that I should be no worse— nor better—than other editors. Who are at the most a nebulous entity, a demi myth, a sort of credentialled Mahatma. A thing of " paste and scissors—of shreds and patches." That the credit (if any) would be inflicted on the right shoulders, and that I might have the sole responsibility in an opposite direction, and take to my sole use and benefit any slatings the critics might think it worth while to bestow upon our little volume, these were also held out as inducements.

As may be readily surmised, I closed with the proposal, as an old maid would with an eligible and unexpected offer— *nunc aut nunquam*—sudden, prompt, unhesitating! In a quiver nevertheless, at the thought of what my affected coyness might have lost me.

The orthography of this book is a matter strictly between the Author and his own conscience. Authors, I am assured, possess consciences. A considerable portion of its contents being in the dialect of the part of the county in which Manchester is situated, and dialectal spelling being (whatsoever philologists may say to the contrary) greatly a question of individual choice, it will be seen that the author is the best one to look after his own spelling, phonetic or otherwise.

A word or two more of explanation on this head. The Lancashire dialect is not always of uniform breadth in the same individual. It is generally as broad as it's long, but sometimes broader. And when on his best behaviour—speaking to a Duke, for instance—his vernacular, contrariwise, often becomes little more than ordinary English—*with an accent*. To paraphrase an old saying, he cuts his chat according to his company. The reader is respectfully desired to consider this, if, in the following pages, he finds the same words spelled two or three different ways, it is not through carelessness, but rather conscientiousness, and done of malice aforethought.

Another point may be touched upon. Although the Author's sketches are fairly free from *Munchausenism*, he has not quite been able to resist the temptation to invest his *alter ego* with a slight spice of the swashbuckler—Lancashire brand—which will amuse those who know "The real Simon Pure." To those who don't, it should suffice to say that whilst unlike "*Queen Gertrude*," who was advised to "Assume a virtue, if you have it not," he has taken the other turning, the occasional glimpses of ferocity discernible in the R'Dick of "Rambles and Recollections" are a palpable and groundless (self-inflicted) aspersion against the character of

"The mildest mannered man
That ever"———

went a trip, or took a note—as one might say.

For the rest, the editorial functions have been of little more importance than those of the domestic who looks out the things for the hebdomadal wash. I say this not because of any foreboding that the critics—if they take any notice at all—may slate the editor and let the author severely alone, although I admit the foreboding. May it prove groundless, anyway!

"Rambles and Recollections" have one claim to favourable consideration—they are original. And should be additionally acceptable for their homely quaintness. They are probably not of a brand that General Booth or the genial Sir Wilfred would recommend, but you shall sooner find the proverbial "needle in a bottle of hay" than any suggestion of impropriety in them—so it's no use looking. "R'Dick" has no desire to trespass on the preserves of the *fin-de-siecle* novelists of either sex.

And in the hope of an appreciative and friendly all-round acceptance of his book I beg to subscribe myself the Readers' obedient, humble servant.

R. P.

TO MY READERS.

Having been before the public for many years as a reciter, actor, vocalist, and as a contributor of fugitive sketches to various local journals, it may not possibly seem too presumptuous in me to give (as has often been suggested), a short account of myself, although it has never presented itself to my mind conclusively that I could "dish up" anything concerning my humble self of sufficient interest to justify its glorification in type.

And—not being one of those methodical *rara aves* who run a diary with mechanical precision and regularity, I have little else to rely upon save my memory, for I have not a copious imagination. Still, there can be no great harm in putting a few auto-biographical scraps together, if I don't get tedious over the job.

My experiences—like those of most of us—have been varied enough, but neither blood-curdling nor very romantic.

During the period that I have been before the "Great B.P."—part amateur, the rest professional (like the amphibious being, which, though it cannot be drowned, is yet not born to be hanged), my audiences have been as varied as my experiences, and, at times, probably a little more exciting. I have had 'em of all sorts. From tip-top, swell, and aristocratic, down to the decidedly plebeian, or what I once heard my Editor call the *Hey Polly*.—(He never did!—Ed.) Audiences belonging to the social gatherings of religious bodies of most denominations—Literary and Musical Association audiences, and audiences recruited from the Masonic, the Ancient Druidic, the Odd-Fellows, and other friendly societies.

As the proverb goes, "Self-praise is'nt worth the paper it's wrapped up in," so I refrain from saying that my efforts to please were invariably successful. But I may be permitted to say that to give satisfaction was always my first consideration, so if I *did'nt* always score a "howling success" I ought to have done.*

And that I have been 35 years in collar is something of an argument in favour of the assumption that I have not, at any rate, been an "ignominious failure."—*Here endeth crow number one!*

The first recitation I committed to memory, was a sort of dialogue 'twixt two old men, anent the destruction of historical buildings and ancient landmarks, to clear the way for the laying down of railroads. It was a long piece for a youngster of eight to tackle, but I made myself "letter perfect" in it, and my critics, the authorities of the Sunday School† I attended, predicted no end of a successful "first appearance" the same being on the occasion of some festival in connection with the School aforesaid. The first line, "*These here are dreadful changes, Sam*" is all I now remember of the words.

But "there's many a slip" and before the time for my *debut* arrived, some family reverses intervened, one of the consequences of which was my being packed up and

---

* " 'Tis not in mortals to command success
But we'll do more Sempronius; we'll deserve it."
—*Addison's Cato.*

Thus great minds jump together.—Ed.
†Bury Street, Salford.

despatched to "Merrie Carlisle"—labelled for that city, and "This side up—With Care." Unnecessary precaution, for I have generally managed to alight on my feet most of the time without specific directions.

My very first appearance was for the entertainment of my Grandad—the factor to whom I had been consigned. My platform was a footstool set in the centre of the room-floor, and the bulk of the audience was made up of such of my ancient relative's cronies as he chose to invite.

My remuneration was a pat on the head, a "That's a good boy," and a ha'-penny—all on the C.O.D. principle—the best for imparting a business bent to the juvenile mind.

Sunday School Enterprize in the border city not running much in the direction of recitals, my youthful elocutionary attainments were allowed to lie fallow for a considerable time. At this period of my life I went to school in ordinary school-boy fashion, showing no marked talent, except for playing truant, and a tendency for visiting any nomadic "penny-gaff," circus, or other wandering attraction that came Carlislewards.

My doings at this period involved much circumspection and the exercise of no inconsiderable youthful ingenuity, for the *auld fowk* were of the *unco guid*, and any form of amusement less sanctimonious than a "Tabernacle Service" or prayer meeting was—"*varra wrang!*"

My Grandfather and his son—my uncle—being of the butchering denomination secularly, and cattle dealers, it naturally follows I became acquainted with most of the butchers in the shambles, the farmers of the suburbs, and with the drovers and cattle dealers for miles around—say from Preston to Prestonpans—all much to my moral profit and enlightenment, no doubt. Grandfather, uncle, and grandson—nephew (myself) were all Roberts, and the neighbours sorted us out into Old Bob, Young Bob, and Little Bob.

Through my belongings and surroundings, I gained a fair acquaintance with the topography of the district, and was frequently made responsible for the safe conduct of a flock of sheep, or two or three "beasts" from some of the farms around, and so became acquainted with the highways, byeways, "loanings," and footpaths to and from everywhere adjacent.

Many a tussle have I had with a self-opinionated *yow* of an opposite way of thinking to mine, before she would allow herself to seem convinced. Many a long stern chase have I made in the wake of a "*freetened coo*" than which a more unreasoning and unreasonable animal—in my opinion—is not yet forthcoming; and these experiences were not wholly uninstructive.

In those days—and in some thinly populated districts, the custom survives—the butchers used to hawk around on Monday the meat left unsold from the previous Saturday, and into this detail of my Gran'dad's calling I was also inducted. Kept from school for the purpose, I might be seen most Mondays, bossing the sales in my blue blouse, and having a hired subordinate to wheel the barrow and—add a little to my importance.

My instructions were to bring nothing back! and so needy purchasers often got a thumping bargain, for I followed my instructions religiously. And I had little scruple in giving—as I frequently was able to do—a choice cut to somebody too poor to buy, even hiding it from the view of a possible customer—so that some needy expectant might not have to turn away from the friendly barrow empty-handed and disappointed.

Thus, for a few years, my boyhood passed. They were happy days, and I was beginning to consider myself a Carlislian complete, and an indispensable to my relatives, when I was suddenly "taken down a peg" and, all unwillingly, bundled off "back again" to Manchester,

> To run to and fro',
> To be always on the go,
> And to be an Errand Boy-oy-oy-oy.
> Tc be—he an Errand Boy.

An errand-boy's is a responsible position, no doubt, but not particularly remunerative. I filled several situations of this class, always moving to better myself, but learning little more than my way about town. As my hours were from eight to eight (ten on Saturdays), I got ample opportunities for this.

One of my later moves was to a swell milliner's, in *The Square*—Sandiford's I think was the name. There the hours —my hours—were wearingly long and trying to a growing lad. Often I have been trudging miles away from home at and after midnight, carrying to its destination the completion of some imperative order belonging to a dance, a wedding, or a funeral. And there were no tramcars in those days, and precious few omnibuses. It was all *Shank's Galloway* for me, anyway.

And to be plodding Strangewaysward, past Strangeways Hall, and through the toll-bar beyond, up and up hill, at a time when "*grewin' bys*" ought to be in bed, and bearing a basket as big as a showman's van (and which, indeed, the employés had affectionately christened "*The Elephant*") strapped to my shoulders, and having the solid assurance strapped to my own mind of having to plod all the way back again, was all an educational experience, in a way, like most things.

But I find my autobiographical items are framing to be—like Bottom the Weaver's Play—"tedious brief," so I will say no more than that my tent (figuratively) has been pitched in "the place that I was born in," and that I have been in the service of a firm of leading Manchester merchants for a period of forty-two years, without a break; parting from them on the best of terms, and with, I believe, feelings of mutual regret. And I think I may say without undue boastfulness this is "a bit of a fither 'i my cap." Especially as in my capacity of public entertainer I unavoidably encountered many very tempting inducements to festive enjoyment, which had either to be accepted circumspectly or steered clear of altogether.

From errand-lad onwards, I have had (as most men have who keep from under the daisies long enough) a liberal quantum of "downs" as well as "ups." I hope I have been fairly grateful for the latter, and not made too many sour faces over the former.

I have enjoyed the acquaintance—in many cases an intimate one—of men whose names are well known and will be well remembered, and through a wider range than their native city or county. Among these I may mention Edwin Waugh, Ben Brierley, and William Dawes (Elijah Goff); all three, I am sorry to say, no longer here. But it is not among the least of my pleasant memories that each of them has complimented me on my renderings of such of their productions as I have been able to include in my budget of recitations.

I need only to add that "*Rambles and Recollections*" set forth pretty faithfully some of my experiences and adventures, and may on this account claim to be considered autobiographical as well as these few lines.—I am, yours faithfully,

ROBERT DOTTIE.

NEW YEAR'S DAYIN'.

WELL! aw'm glad ut these holidays are o'er! Aw find uppo' reckonin' up, that last wick aw put in two full days o'ertime, startin' to reckon fro' ten p.m. each day—an' still aw live. An' so does them seven fellies ut swallowed sixteen (16) bottles o' fizz amung 'em i' two heawrs at th' "Tank" t'other day. An' aw dun'not think a bit o' rest ud do onny on us onny harm.

Aw started wi' th' New Ye'r brand new, soon as ever it coom in, bi ringin' dur bells at nearly every heause fro' Irlams-o'th'-Height to Swinton, an' introdoocin' it wi' o best wishes for time to cum to th' lawful occupiers theerof. Gud wishes wur returned an' accepted wi' divers other refreshments, often repeated, until welly church time th' same mornin', when aw managed to get to bed, but wur disturbed i' a few minits ut after to go to "sarvice." But havin' a choice, aw preferred continnyin' wheer aw'd left off, an' wur seconded bi Mester "Walkin," as had getten one side of his face swelled up like a Coxwell's balloon through takkin cowd an' other things i' conjunction wi' a ragin' tooth. Aw cud ha' like't to ha' repeated some o' mi earlier visits on mi way back to teawn, but aw'd getten beheend a horse as seem't to ha' made its mind up that *it* wur gooin' whoam agen, if aw wurno, an' we flew past like a continnyous flash o' leetnin'.

I' mi ramblins abeawt, aw've cum across a gud mony ov o soarts o' folk, but aw never met wi' a kinder, bigger-hearted lot o' folk than is to be met wi' i' this neighbourhood. Fro th' lord o' th' manor deawnwards it seems the're o alike. Aw wur up that way agen o' Tuesday neet, an' wur introduced bi th' vicar to abeawt four hundred ov his flock, an' they gan me a reception worthy ov a Prince, an' aw gan 'em i' return a few references to "popular authors" as a Prince met be preaud on.

Setterday aw wur entertained at th' "Albion," an' then escorted bi th' "Reet Hon. Th' futur Lord Mayor o' Lunnon," "Tom o' Jims," "Chief Justice ov Appeal o' St. James's (square,)" an "Guv'nor Maddick," o' Farnworth, to th' Victoria Station, wheer aw wur shown into a L. & Y. first class carriage. An' aw think it mun a bin a speshul train, as we nobbut stopped two or three times on th' road, an aw dar say its *seven or eight* mile. Eawr destination 're Farnworth near Bowton, to tak' part i' a tay party i' a wavin' shed, as wur bein' given bi th' "guv'nor" an' his brother "John" to th' warkfolk employed at their mill,—an' a nice little gatherin' it wur.

Did yoa ever see a gatheriu' o' this soart? If yoa hanno yoa owt t' do, an' then yoa'd see heaw a creawd o' gradely Lancashire folk con enjy thersels. An' then it brings th' mesturs an' honds t'gether an' gie's each a chance o' expressin' ther feelins to one anothur, an' this wur very feelinly done o' Setterday, though th' firm's but yung an' scarcely had time to mak' itsel' acquainted wi' o those placed under 'em.— But it's sich meetins as these as tends to cement a friendship ut's everlastin', an' keep th' settlement ov ony difficulties that may occur within its own walls.

Well, th' tay an' speeches bein' o'er, th' tables wur cleared for dancin' an' othur enjyments. Th' fiddlers tuk ther' seeats an' begun o' twistin' an' scrapin' to get i' tune. Aw shanno' tell yo' heaw mony ov a band ther' wur, but aw dunnot think, as fur as aw cud see, ther wur moor than one e'e amung 'em.—Dunnot tak this as a joke at Nature's expense.

God forbid, for aw look uppo loss o' seet as one o' th' greatest afflictions that mortal con be subject to. But aw've seen folk wi' o ther ee'n an' *lamps* to boot, an' books before 'em, ut cudn't play haif so weel as these did.

"Neaw then, yoa fiddlers, get agate wi' yoar scrapin',—set to pardners." "Neaw then, 'Emma,' be shappin'," cries 'Lively A.——, who wur th' life and soul o'th' party o through—an' off they goo. "L.——," ('at had made hissel very, very useful and agreeable when tay wur gooin' on), pardners th' biggest lass i'th' room, carryin' a sprig o' miseltoe i' his hond fur protection, an' which he many times tries to reach o'er her yed. Th' "Chief Justice" has evidently forgot o abeawt "St. James," an' goes whizzin' reaund i'th' dance fust wi' one an' then another, whol at "Kiss-i'th-Ring" he's equally bizzy, if not bizzier, and it's a question whether his feet or his lips 'll ache th' mooast. Th' gov'nors and governesses an' other ov ther friends jine i'th' merry sports, whol R-Dick's melancholy smile gradually extends into his broadest grin*, and bein' seized wi' a "wee bit lassie" he jumps up an' starts off arm i' arm wi' her i'th' young folks' march of—

"Green grow the leaves on the hawthorn tree,"—

An' doesn't seem to care heaw often he's coe'd on to "Halt! Present! Fire!"—yoa all know wot this means dunnot yoa, innocent as yoa are. "Neaw then, we'll have a sung," an' a cherry lipped lass trills eawt i' gud style—

"My sweet, my blue-eyed Nellie,
Thou art all the world to me."

An' so they carry on dance, sung. and gam i' turn till it's time for some on us to be saying gud neet, which bein' done

---

*Hope you had plenty of elbow room for it.—*Ed.*

is responded to bi as hearty a "GOOD-N-I-TE" as ever emanated fro' a lot o Lancashire throats,—it wer music to mi yers. Then, as th' songster has it—

> "Hurrah for the Lancashire Witches,
> Whose smile every bosom enriches,
>   Oh, how dearly I prize
>   Those bonny blue eyes,
> They're the pride of the Lancashire Witches."

ON TH' CONTINENT.

I.

Bi th' headin' o' this yoa'll see awm i' forrin' parts, bo wether aw'm here for my *own* or *this* country's gud aw conno' say; happen it may be for *this,* for which aw may be sorry, bo aw conno' help it. It's unionism—aw'm speigkin' commersh'ly—that 'as sent me here; eawr folk conno' see ther' way to live uppo' *less,* while here they con live uppo' nowt an' get plenty o' wark beside. That's just th' difference, bo th' English conno' aw see it, an' every yer'll be gettin' fur beheend, until they get snuffed aw together eawt—aw'm referring mooar particularly to th' stockin' makers, or th' Nottingham trade.

Aw've yerd sum'by say that th' Lancashire folk—that's th' Owdhamers, Bowtoners, and Wigginers —speigk nowt bo pure Saxon; well here aw am i'th' heart o' Saxony, an' nob'dy but misel con speigk it; nob'dy understonds me, an' aw understond nob'dy. Aw expect ther'll be a feight afore aw get through, aw've had mi puncin' clooas on to'thre' times, an' aw'm welly lockjawed wi' tryin' to mak' 'em understond a bit o' gradely Saxon. It's aw " Nine! nine! an' yah! yah!" If yoa could bo send me someb'dy as could tak' notes an' sketches of aw ut's gooin' on, it ud be some little help to me, an' aw should feel a bit mooar resigned. Heaw aw geet here at o is a mistry, an' heaw aw mun get back again beawt killin' sum'dy is a bigger. Aw left whoam a bit bewildered, a' aw've bin pratty nearly i'th' same state ever sin', for when aw geet to Lunnon aw wur met at th' stashun bi an owd Manchester brid, an' he led me a chase through th' city, reaund th' city, an' under th' city; on th' bus, in a cab, on a boat, in a church (St. Paul's), in a—well, wheer they get refreshments—aw in abeawt two hours an' a half. An' then we sat deawn i' a fairy sort o' place wheer yoa dine to musick. Ther's mold candles, gas an' glass lustres, an' lookin' glasses, an' pine apples an' melons aw reaund yoa. An' a white choker an' swallow tail ston's close beside yoa, just to luk after yoa like, an' see yoa dunno pocket th' spoons, nor goo beawt payin. Then aw wur hurried off for a two hours railway ride an' tipped into a big steamboat at Harwich, and landed next mornin' at Rotterdam. Folk sayn its th' richest place in th' world, an' it may well be, for aw gen a chap a shillin' for *pointin'* at mi bag, like as if he wur axin if that wur mine, an' when aw nodded it wur, he held eawt his hond for th' brass. Aw'm expecting t' see that chap agen in a day or two, aw dar' say he'll be on th' look eawt—so shall I. But the're nearly aw alike i' these parts, if yoa luk a body i' th' face yoan got to pay 'em for it, that's heaw they mak' ther wages. Aw dread th' day 'at aw shall ha' to leeave here, for ther'll be a double row o' waiters, boots, and chambermaids, aw stood wi' an outstretched hond as 'll want weighting deawn.

Th' best thing abeawt th' dinners here, is ther' punctuality, but yoa shud goo into six months' training afore yoa'll be able to enjoy um. They're mooastly o' a medly, slobbery sooart, an' th' beef has no mooar taste in it than a bit o' strap leather. But th' way it gets shifted is a caution.

Well an' haewever, aw made mi escape safe and seawnd, an' here aw am i' Chemnitz, as is i' th' heart o' Saxony, an' four hunderd miles or so fro' wheer aw last wur—that is, as th' crow flies.

Every mon here's beawnd to be a soger i' his turn, an' a fine stiff-backed, gud-looking lot of fellys they are. Every other chap yoa meet yoa'd tak' to ha' bin a general i' his time. They seem to be born sogers, for th' youngsters gooin' to skoo carry a knapsack on ther back, an' military drill is part o' ther eddication. An' everybody smooks cigars. If yoa see a chap gooin' up a ladder wi' a hod o' brick on his shoulder, he's a cigar i' his meauth; or a chap pavin' th' street, or gettin' in a looad o' coals, it's just th' same.

This is th' second time aw've bin here, an' aw've never seen a drunken mon or a beggar i'th streets. An' it's a place wi' 80,000 inhabitants! Everything's so quiet an' orderly, yoa'd wonder wheer the hangman th' folk put thersels. Aw've nobbut seen abeawt three p'licemen, an' mooast they have to do is to try an' gape ther yeds off an' talk to th' apple women i'th Market Place.

Yoa may be sure aw've had a gud luk reaund, for there's a Yankee here fro' Chicago, an' we've had a turn or two together; but it's oth' same wheer everyone goos, yoa'll just see a few folk o'th' better eend drinkin' "Bariesch" or "Lager" beer, an' jabberin'—well, aw reckon politics. Th' millionaire sits wi' th' hunderd-a-yer mon, an' theer yoa are. No Gaieties, no Argyles, an' its agenst th' law for a woman to be seen speigkin to you. Aw've often wondered if it's agenst th' law for women to be born here at o, they seem so scarce. Wheer ther *is* a wench waitin' on yoa, yoa'd think oth' fellies i'th room wer gooin' cracked to get a word wi' her. Th' teawn itsel' luks—well, an' feels as if it had existed before th' flood, an' bi sum merrikle escaped.

My Yankee friend axed me if aw'd any objection to jineing a card party, an' havin' a hond at "poker." "Well," aw ses, " as fur as as a game at 'all fours,' or 'Don Pedro' goes aw'm wi' yoa, or aw met struggle through a hond at 'whist,' but aw never yet saw a game o' 'poker' played." "Oh, well," he ses, "yoa'll soon learn, we'll give yoa an explanashun of the game before we begin ; it's vary simple, an' a learner as a rule, generally comes off a winner." " O reet," aw ses, " aw'm oppen fur a lesson. That lesson cost me—Well, aw don't intend takkin any moor lessons at present ! Aw cud'nt " bluff," didn't know when to " raise," an' wer' allus " laying down."—An' aw didn't " come of a winner ! "

Another neet, bi way of variety, we manidged to get into what we shud call a music ho, an' wer' amused by listenin' to sich songs as, " Schmiedemeister's Löchterlein'' and " Der Frangösische Feuerwehrmann."—Neaw then, chew at that ! But this, like everything else abeawt here, is slow. Nob'dy seems to wark wi' a will but th' dogs. Ther' are no idle dogs prowlin' abeawt th' streets, they're o put i' harness an' muzzles, an' yoked to th' shafts ov a cart big enough for a donkey. Aw one day saw one o' these " friends to man " drawin' a cart wi' a couple o' childer an' hauve a dozen milk cans in it ; an' it's not an uncommon thing to see a big hulking customer sit i' one o' these carts wi' a dog before him, an' a cigar i' his meauth, driving an' smookin' like mad. Beyond this aw dunno' think they're mich illused by ther' owners, an' tak to ther wark kindly. They're of a big breed, wi', aw should think, a bit o' mastiff in 'em. Th' horses are a set o' " frames " ut want fillin' up, and goo at abeawt th' same speed as ther mesturs, which i' England 'ud be considered a disgrace to a berryin.'

When that dreadful day coom as aw'r feared on—th' day for leeaving—it soon geet o reaund th' shop at we were havin' eaur last baggin' (that's th' Yankee an' me) as we'd arranged to leeave together, an' spend th' Sunday i' Dresden, an' ther're no less than five on 'em begun a walkin' o reaund th' table. An' theer they marched reaund, th' hungriest, swallow-tailedest lookin' lot o' vampires aw ever *did* see.—" Whot the hangman," ses I to my friend, " shall we do wi' these beggars here?" —" Well," he ses, " I guess we'd better tip 'em an' get rid on 'em."—" Well, but dal it," aw ses, " connot they sit deawn till we've finished atein'? It's a bit o'erfacin' this is; a gud, ' pure Saxon' *thrut* 'ud do 'em as mich gud as owt else."—Neaw, not one o' these 'ad ever done eawt for oather on us but ax us in a mornin' when we wur at breakfast, if we should be in to dinner. When we geet into th' lobby ther're another or two waitin,' wi' th' londlord at ther head. " Hear," aw ses, " let's sarve 'em o alike, an' tip him an' o!" An' aw dar say he'd ha' takken it, if he'd getten th' chance. Gud bye, owd barrel, aw hope afore aw see thee agen tha'll ha' gone through th' wages list, an' see if tha connot manidge to pay 'em thisel wi' eawt dependin' so mich uppo thi customers.

Two hours at after this, we wer londed into th' Grand Union Hotel, i' Dresden wheer aw wer towd we shud be able to get any English drink we wanted, an' as we're a bit starved we thowt a " Irish hot " ud be abeawt i'th' mark, so I rang for th 'waiter, wi' th' followin' result—

" I say waiter, you keep English drinks here?"

"Oh, yes sare."

" Well, then, I guess we'll take two Irish whiskies hot."

" Ver' gude, sare; dank you."

The waiter retires, an' in a minit or two returns wi'—"Ver sorree, gentlemen, but de visky is all done."

" Well, but I thought you said you had plenty; what do you mean."

" Yes, sare, I t'ought we had plenty, but some other gentleman has been in and *emptied de bottle*. We hab prandy; Would you like prandy?"

" Well, aw, yes. If yoa get it i' th' same quantity as yoa

getten th' whiskies, tha'd better be quick an' goo and look i' th' bottle."

Dresden is a fine place, an' celebrated o th' world o'er for its art galleries, but these bein' closed o' th' last day ov every October we had'nt a chance o' seein'; and as a good mony folk towd us at th' next best thing at we cud do wer to goo to th' Catholic Church an' hear th' music, we went, un it *is Grand!* They've getten a full band, an a choir ov aw don't know how many voices. It wur summat like listening to one o' Halle's oratorios.

We enquired after th' king, but he weren't a-whoam, an', as my time wer gettin' short, aw had to bid my friend adoo, an' scamper to catch my train, i' which aw had to mak misel' as comfortable as aw cud fur th' next eighteen heaurs, which aw did, an' geet uppo th' boat at Rotterdam hungry, dry, dirty, an' starved, an' ill prepared for what had to follow.

Ther wer no occashun to sing for a

" Brave and valiant barque,
And a brisk and lively breeze,"

We'd getten booath. 'Specially th' latter! Aw made a gud hearty dinner aboard which aw thowt wud put o things to reet, an' then said, "I lay me down in peace to sleep." But no peace, no sleep. It wer nowt but "Steward," an'———! —" Neaw then owd lad stir thee or ther'll be———!" " Don't give way there, sir, I'll be with you directly. That's the nearest way down" (this wer in th' saloon). "Aye, aw know it is, but aw connut get to it."—" All right, sir, there you are. Hold on to me. Steady, sir. One hand on the rail, now then."—" Aye, it is *neaw then*———! O—h! bi th' mon, that's a twister!"—" You'll be all the better, sir, directly."—" Aw shall be a lot *leeter*, as heaw it is———!"

—" Now then, sir, try again, one foot down."—" Tha can tak' booath me feet, they're not much use to me———!— Aw've often yerd ut—

   ' Britannia rules the waves,'

but hoo's not awhoam to neet aw think, for they're havin' it o ther own way———! Theer yoa goo agen, it's no joke this is n't———!—" " There you are sir, now lie down and try and get a little sleep, I'll cover you up, make yourself happy." " Happy, eh ?—' A life on the ocean wave!' As aw luk at things ther's likely to be a *deeath* on th' ditto afoor long."— " Oh you'll be all right sir, keep your heart up."—" Well, awd mich rayther keep it deawn, if it maks no difference to yo. Don't be fur away owd brid, aw may ha' summat to say afoor aw goo, for aw feel very sollum abeawt it o.

   ' The sea is England's glory,'

Is it, well it in't mine." On hearing the " Welcome, oh the joyful sound " of the bell buoy within half an hour o' Harwich harbour, aw jumped up like a ' lamb refreshed ' an' skipped on deck wi' nowt mich ailing me waur nor sore ribs. It wer' a beautiful starleet mornin', an' aw never saw th' stars shine wi' so mich brilliancy. But ther're one breet leet which cast a reflection uppo th' wayter summat like an electric lamp, an' which seem'd to ha' raised itsel' abeawt fifty or sixty feet eawt o' th' wayter, an' planted itsel' so as to mak' o th' other leets aboon sink into insignificance.—" Is that the lightship we are coming to ? " says one o' th' passengers ; " Well, there *is* the lightship," says another, " but we have already *past* it." " That the lightship ? that, my friend, is the morning star!"— An' so it wur.

AGAIN ON TH' CONTINENT.

II.

Oh ye "merry men of England," Lancashire espesh'ly, aw wish aw wur wi' yo' neaw, degenerate Saxons tho' ye may be, know ye that aw'm i'th' lond ov yer antcestors wi' nob'dy to tawk to but misel', an' aw dunno find misel' sich gud company as folks wud at times mak' me believe. It's Sunday, an' aw shud a gone an' spent th' day wi' mi friend fro' Yanky lond among th' "Dresden China," bu' cudn't, so aw reckon aw've gi'en offence theer. An if aw 'd a gone aw shud ha' gi'en offence somewheer else. It's allus th' way if yo' try'n to please everybody, yo' please nob'by an' get vexed at yo'rsel'. Aw've had a dinner as doesn't agree wi' mi—aw feel a bit nark'd—mi thowts are a bit warped—an' as aw bowt a penny memo. book fro' one o'th' commershal travellers as frequents th' extayrior o'th' "Patched House Hotel," aw mean to *dot* mi feelin's deawn, an' relieve misel' bi troublin' other folk.

Aw'm neaw set bi th' side o' Schloss (castle) Lake (if aw shud put a bit o' Garman in neaw an' agen, dunno think ut it's o borrowed fro' print, it may, an' it mayn't be, that's my bizness). Lemme get a bit o' credit in somewheer. A sheet o' wayter abeaut haif a mile lung, an' i' parts a bit less than haif that broad, uppo' which ther's a lot o' pleasure boats ut yoa con hire eawt at th' rate o' thrippence an heaur. Aw had three ha'porth one day alung wi' two chaps fro' Lunnon, just to try it like, bu' if aw'd started to walk reet through it fro' side to side aw cudn't ha' bin londed i' a warse condition, for just when we geet abeaut th' middle a heavy thunderstorm cum on. Aw thowt we cud show a fair sample o' this sooart o' thing a whoam, but eawrs is but sunny sheawrs compared to these, an' aw geet a thoro' gud soakin'. Well, yoa may think, when aw tell yoa ut aw had to ha' mi clooas *peeled* oft mi, an' aw didn't see mi breeches and shoon agen for three days, tho' they tell mi they'd had 'em i'th' hot o'on for mooast o' that time.*

This is a very interestin' place for an antiquarian, bu' for anybody else (beyond th' natives) it's banishment. Bu' aw'd better hark to th' beginnin' an' gi' yoa mi thowts at after.

Well, aw started fro' th' Central Stashun at Manchester, to which aw wur escorted bi a friend or two 'at seemed very mich affected an' eawt o' sooarts, but whether it wur due to me—or to " Roderick dew "—aw connot say, but aw vainly tak' it to misel. Aw never spoke agen fro' that time till aw geet t' Lunnon, which aw reached haif choked, an' th' fust word aw geet eawt wur " bitter." It saved mi life, an' aw went on agen rejoicing to Harwich, wheer aw geet a sniff o'th' briny, an' a taste o' an extra cowd east wind, whol passin' fro' th' train on to th' boat. Theer aw're met bi a chap i' brass buttons as sed " Mr. R. Dick, I believe."— " That's my name," aw sed, " what for ? "—Neaw, aw never like to be ax'd mi name i' this way, because it has a county-cooarty sooart o' seaund abeawt it, as for th' minit it is'nt pleasant, an brings on palpitation. However, he followed up bi sayin', " This way, sir," an' aw followed that way sir.

He led me deawn stairs into a cabin, an' gan mi a letter he had received abeawt me, which wur addressed to th' *Chief Steward, S.S. Adelaide.* " Please reserve a good berth for Mr. R-Dick, and see that he is made comfortable, and oblige

---

*Gently, gently!—Ed.

yours, &c., ——" Neaw this wur very kind uppo' sum'dy's part, an' aw thank him very mich whoever he may be, as it taks a good deal to mak' mi comfortable uppo these occasions. Heawever, they'd getten everythin' fix'd up very nicely, an' aw turned in at once, not darin' to pace "the silent tho' heavin' deck." It wur an awful neet, owd "Nep," an' "Boreas,"—aw think yoa co' t'other chap's name—had it o' ther own way, an' knockt us abeawt fur fourteen heurs. That's four heurs longer than usual i' gooin to Rotterdam. An' ther 're a few bleached faces to see i'th' mornin' aw con tell yoa. Amung th' passengers aw geet tawkin to wur a little jockey lukin' felly, as sed he'd getten nine hosses to luk after as wur for th' Hung'ry Government. Aw sed as aw hoped th' Government would enjoy 'em, but for misel aw'd rayther have a bit o' cow. As may be supposed ther 're nothin' yerd but silence after that fur some time, an' then we had a bottle o' Bass's to show ther 're no ill feelin'.

A wawk abeawt Rotterdam showed me ut it wur weshin' day, an' th' women folk wur bizzy. They fetch o ther clooas into th' streets, an' do ther' weshin' at ther' own front durs, so ut one neighbour can see whot another neighbour's getten. Aw saw a gud mony on 'em, an' sum quare-lukin' things ther' wur amung 'em. An' tho' it mayn't be interestin' to some it maks me smile when aw think on't; an' as aw'm just beginnin' to feel a little jollier aw think aw'd better tak' a bit ov a wawk, an' continue my remarks when aw get back.

Aw've not only getten back fro' that "bit ov a walk," but aw'm back again i' Chemnitz, wi' several mooar walks to mi credit. I' one o' these aw coom across a funeral which to me wer very novel an' interestin'. An' tho' a funeral isn't a lively subject, this're so different to owt o'th sooart i'th owd country, ut aw'm like to tell yoa. Well, ther're nob'dy i' mourning but two horses that wer drawin' th' hearse, an' these wer draped i' black cloth fro yed to tail, an' deawn to th' hoof. I' front on 'em wer twelve fellys carryin a big palm leaf a piece, whol o'er one arm wer hung an olive wreath, an' o'er th' other a wreath o' fleawers. At either side o'th hearse walked six fellys i' cocked hats, each carryin i' one hond a smo black flag fringed with white—as hung fro' a thin yallow nobb'd staff—an' it'h other a choice bouquet. Th' hearse itsel wer covered wi' black cloth looped up at'th sides an' showing th' coffin, as wer packed o' reaund wi' fleawers. Then coom'th mourners o a' foot bu' no black nor streamin hat bands; no wet een nor white hank'shers; no wimmen nor outward signs o' grief,—moor to th' contrary. Strange country, strange customs,—bu' these folk may be actin up to th' owd proverb ov "mourning at a birth an rejoicin at a funeral." Aw cud like't ha' followed up an' seen'th ee'nd on't, for aw're curious to know wot they'd do wi' o'th fleawers, ther as many as ud fill up a daycent sized grave. An then'th palm leeaves—would they spread 'em on'th greaund—as wer done moor that 1800 years sin, at Jerusalem? —Or—bu' it were too cowd to jine in a slow march, an' aw went on to mi hotel, wheer aw larned that o these fleawers are laid at'th top o'the grave until decayed, and then replaced wi' growin' fleawers. Th' number o' palm leeaves denotes th' number o' friends th' deceased had. Each sends one, and they are generally borne by th' workmen o'th late recently departed.

As aw've mentioned "mi Hotel," aw may say as it's known as th' "Romischer Kaiser" (Roman King), and is where th' Saxon King maks his yed quarters when travelling that road. Its part ov an owd convent an' th' owd stone carved archway is still in a good state o' presarvation at 'th front o' th' heause. It bears date 1558; an' at each side ther's th' figure ov a nun, one's howding a dagger i' her buzzum, an' th' other isn't, an' that's o aw know abeaut 'em.

I'th front o' th' hotel is a large square, which i' thoose days wus a lawn, bu, i' these days a market place. At th' other is th' church, adjoinin' which are th' conical arched corridors, through which aw've wawked mony a time an' tried to fancy misel' a "monk ov old." Bu' th' rumblin' by ov a ricketty droschka o'er a rattlin' pavement has browt mi sharp back to every-daylife, an' mi visionary feasts and pleasures wer dispelled as suddenly as created.—It may seaund queer—but th' day after aw'd done o' this fashion aw're invited eawt to a little party—they co' it goin' into society here—at a gentleman's heawse, an' at after discussin' sev'ral brands, rangin' fro' 1853 downwards, he—familiarly placin' his hond uppo that part o' mi yed wheer th' thatch is o'most gone—sed, "I say Mr. R-Dick, you are kvite-kvite-vod you call—ah, yes, *Monkish.*"—Neaw he'd got at mi thowts beawt thinkin', an' stumbled o'er a word bi accident whol thinking of another better to express hissel' These mistakes will happen, an' it wurno lung afoor aw slipped missel'. It coom abeaut owin' to th' word "Schwein," (pronounced *Swine*) which means gud fortin, gud luck, or pleasure. Neaw, aw'd bin introdooced o reaund, an, a bit later on i'th evenin' aw wer axed by mi friend heaw aw wur enjyin' missel, an' aw towd him aw wer dooin' fust-rate. Aw'd o' ready had to'thre dances.—" Have you yet danced with my daughter?" he axed, and aw sed "no, no, aw've not had that—that—"pig" yet." Aw cudn't think o' th' other word for th' life on me, an' they didn't seem to like mi substitute, tho' it wur th' nearest aw cud get to it.

Th' men here don't marry so young as we dun, an' th' reason given to me for this is that they're beaund to goo to skoo till they're fifteen yer owd, an' then tak to sum sooart o' wark till ther nineteen. Then they've twelve months to sarve as sojer, (poorer folks have three yers), an' then it taks 'em three or four yers to wark into any position, an' another to'thre yers to think when they'll be men, an' get married at thirty.

Heaw wud this work as a remedial peace preservation and decreaser o' population in Ireland? Politishuns aw'll mak yo' a present o' th' hint. Think o'er it!

STILL ON THE CONTINENT.

"Hurrah for the land of the purple vine,'—

——is o reet, Mestur Poet, as far as it gooas, bu' aw think it 'ud luk' better on yoa if yoa'r to sing mooar i' praise o' wimmen an' less o' wine—tho aw like booath, but what abeawt this?—Workin' at th' foundation ov a big manshun (for aw da'say some wealthy an' prosperous manufacturer), scattered amung bricklayers an' masons, aw saw a lot o' wimmen as *labourers*, mixin' an' carryin', o'er heap an' plank, th' mortar, Not 'i hods shoolder hee, sartinly, bu' i' square buckets slung between two wooden bars, an' a woman at oather end. Heaw they manidge when th' buildin' gets a bit hee'er, an' ladders han to be used, aw connot imagine. But aw shud, aw da'say, ha' bin a bit interested if aw cud a seen th' operation. Aw dunno' think "eawr Sarah" 'ud like to be seen sportin' her figure haif way up a three-storey ladder wi' a box full o' bricks on her yed, an' aw know a good mony others as wudn't. Bu' wimmin abeawt here are treated moor as machines than eawt else. Yoa meet 'em workin' uppo' th' heeways, an' th' fields are swarmin' wi' 'em, an' they seem to like it o, an' thrive on't. It's browt abeawt bi'th' men havin so mich sogerin' to do, for while they are playin' ther country's game,

"*Women* must work, though *men* may weep,
There's little to earn and many to keep."

an' aw know ov lots o' families as hasn't moor than five or six shillin' a week comin' in at'th' best o' toimes, but 'at present a respectable an' healthy appearance. Livin' is very low—moor breawn bread an' sausage than beefsteak an' onions. Bu' then aw know folk awhoam as expects yoa to do o this; an' rear an' eddicate a big family eawt o' nowt, an' have a balance at yo'r banker's, while they goo—

"Feasting right merrily,"

wi' ne'er a care for thoose ut's helped to build 'em up—aw do that!

O'th roads leadin' eawt o' th' teawn are lined for miles an' miles on each side wi' fruit trees abeawt ten or twelve yards apart, principally cherry. They are, aw believe, allotted eawt to'th' peasantry, an' woe be to them as are catch't fingerin' when passin' by. Th' roads are raised abeawt two feet fro'th field level, an'th' country lays oppen o reaund yoa, no hedge or stone wo' to spile yoar view; an' when these trees are in full blossom, as aw've seen 'em, they're a grand and pleasin' seet! Havin' occasionally to travel by carriage for twelve miles uppo one o' these roads to a smo manufacturin' teawn, aw've getten t'be o'most as weel known as abeawt eawr own mill lone. An' tho' we hanno mich to say to one another (yoa know th' reason why) we're awfully perlite, an' my hat is scarcely ever on mi yed ten minutes together. Neaw this hat lifting is universal, an' carried out to perfeckshun. If yoa goo into a beer shop i' which yoa'n to grope your way through clouds o' 'bacco smook to a seat, yoa mun tak' yoar hat off. If yoa goo to a thaytre or music ho', yoa mun tak' yoar hat off afoor yoa'n weel getten o'er th' doorstep. If yoa goo into a factory or wareheause, yoa mun tak' yoar hat off. If yoa meet a chap ut thinks he's seen yoa afoor, an' another as thinks he hasn't, bu' ud like to see yoa agen, yoa mun tak' yoar hat off. If yoa meet onybody ut rejoices to co yoa friend, yoa mun tak' yoar hat off an' whizz it reaund like a flag o' victory, an' this is allus done at meetin' an' partin'. So really a hat's o' very little use except for firin' off salutes. Neaw aw've practiced an' worked at o this till aw may fairly be ranked A.1.,—bu' at what cost?

Well this is an age o' "testimonials."—If a mon 's bin tryin' to do nowt o his life, oather i' public or private, an' has succeed to his hearts desire, his claims are made known bi some equally useful member o' society, an' yoa're waited on to subscribe to a handsome testimonial.—If a mon takes a smo dose ov influenza, or a new wife, his sufferin's are made leeter bi a valuable testimonial.—If a mon has risked his own life i' savin' that ov a fellow creetur he may happen receive a Society bronze medal as a testimonial; an' if a mon has accomplished th' feat ov enjying a two week's holiday i' Southport he *desarves* a testimonial. Neaw i' tryin' to mak' mi'sel as agreable as possible, an' so as my country shouldn't be disgraced by me, aw've worn eawt three hats i' two weeks,[*] and th' one awm wearin' has given th' brim notice to quit. Neaw aw I think it's as little as my friends con do i' return for what aw've done for them—if they'll excuse mi sayin' so—if they at once oppen a subscription for th' purpos' o' presentin' me wi' a testimonial i' th' shape of a new hat!

If it cud be arranged aw should prefer to meet th' presentation committee i' Lunnon, so as we cud finish up wi' a Billingsgate Market Fish Dinner; an' i' th' meantime here's to everybody's good health, includin' th' chap 'at invented testimonials—if he's wick!

Anybody ut knows me, knows ut aw dunnot like holidays—ony when aw want 'em.—Aw fancy aw yer sum'dy say "an' that's very often." Well, aw dunno like 'em *thrut* on me, an' aw never knew until neaw that they ever had ony

---

[*] No wonder!—*Ed.*

holiday here. Bu' it seems 'at Easter time is a lung religious holiday, beginnin' o' Green Thursday (Thursday before Good Friday) and continnyin' up to th' Tuesday followin'. An' durin' this time th' shops, (and even th' Music Ho's) are o shut up. So on th' Setterday neet aw betuk misel—alung wi' a "native swell" to Dresden, which is betwixt forty an' fifty miles fro' here; well, they measure distances by time, an' as it taks two heaurs to goo bi fast train, aw guess it's abeaut that. An a fine teawn it is. Aw've had summat to say abeaut th' place afore, bu' aw've seen moor on it this time an' larned moor abeawt it. We put up at th' Victoria Hotel, which is i' th' main street leadin' up to th' castle, an' a swell place it is. Th dinin' room floor is polished up so hee ut yoa con hardly ston on it, un yoa mun mind ut yoa dunno step off th' carpet coomin' deawn stairs, or yoa 'll slip, un be londed at th' bottom wi' a brokken neck or a rib or two. Bu' then ther'd be a chap waitin' for yoa, howdin' his hond eawt for a "tip" *for th' akcident*.—Yoa con do neawt beawt payin' for't here.

Th'. next day—Easter Sunday—wer a glorious day· Th' sun wer scorchin' hot, an' aw spent th' mornin' mooastly on th' terrace as o'erlooks th' river Elbe. It's astonishin' wot a lot ov officers ther' is knockin' abeawt—yoa connut stir for 'em. An' a splendid lot o' fellows they are, an' rare an weel they luk i' ther' rich an' showy uniforms, an' ther swords danglin' bi ther sides. Ther's one uniform—aw think it's th' Hussars—as is a wonder to me heaw they get into't. It luks as if it were built on 'em an' 'ud have to be skint off 'em.—It 'ud be deuced awkward if they wer wanted to get into it in a hurry. Aw dunno think ut an officer here 'ud consider hissel complete unless he'd getten a pair o' nose glasses on. These are things ut are very common amung yung Garmans. Ther's mony reasons given for't, bu' aw think pride mun ha' a gud deal to do wi' it, for yoa very rarely see an owd mon wearin' 'em.—Well aw did see *one* wi' a pair o' blue uns un an umbrell to match, an' that's o'—ther seet mun improve wi' keepin'.

Aw went to church ov course, to hear some music, an' then to dinner, after which—wi' other company—aw're honded into an oppen carriage beheend two horses an' a chap i' livery wi' a cockade on his hat, an' driven seven or eight miles up to Schiller Gardens, wheer we're drawn on to a steam ferry boat, an' we druv sailin' across th' beautiful Elbe into whot is coed Saxon Switzerland—an' a lovely land it is Aw wonder 'at we dunno yer moor abeawt it fro' English tourists—aw'm sure they many times goo a deal fur and fare a deal war. Nature has sartainly bin very bountiful, an' is seen here in o' her grandeur, ably supplemented bi art.

Drivin' on for a couple o' miles mooar south we halt, an' leavin' eawr carriage stondin' i'th' road we began climbin' up a lot o' steps fix'd into th' hill side, th' top o' which aw reached puftin' an' blowin' like an' owd grampus, wi' mi hat i' mi hond an' th' presperation runnin' deawn mi i' streeams. Bu' what a seet met mi gaze. It wer like bein' transported into a boozin' fairy-lond. Here wer' hundreds o' folk sittin' reawnd little tables (o'erhung wi' trees, just brakin' eawt into foliage) drinkin' ther Lager an' Bairisch, whol i'th' back ground stud th' "Restauration" (hotel), a Swiss model, welly buried i'th' trees as grew row after row i' fan-like shape far away an' aboon, whol i'th' foregreaund was th' beautiful valley, through which th' Elbe glistenin' under a July sun— wound its stately way. An' uppo its surface are seen numerous boats laden wi' pleasure seekers. Then—lookin' across as far as th' eye con reach, is a splendid panoramo ov rich an' fertile country. Aw've yerd a chap say "that if heaven wer owt like th' fust sleep after a Turkish bath, he cud live theer for ever." Aw'm thinkin' this is moor like that happy land, for yoa con see o wi' yoar een oppen an' keep yoar powers o' taste intact.—It's coed Wachwitz Höhe, but that doesn't matter.

After moistenin' a bit we start off back, passin on eaur way th' little cot wheer Schiller writ his celebrated "Don Carlos" i' 1785-7, an' on past th' happy huntin' greaunds and palaces ov "Ye Ancient Kynges" into New Stadt (New Town of Dresden), i' which are barracks sum miles lung, an' other places ov 'amoosement'.

Th' next day aw visited th' pictur gallery, which is reputed to be one o'th' best i'th' world. Bu' as aw havn't got th' eye ov an artist aw con only speigk as aw think, an' that is that a lot o'th' picturs owt t' be *covered o'er wi a sereen*.—At neet aw left agen for mi owd diggins, wheer aw manidged to exist for another wick.

There's an owd felly here as wur born i'th' last century, an' to look at him yoa'd think he'd bi livin' weel on into th' next. He's not bin known to miss his dinner at th' hotel one day within th' last forty yer, an' like mooast ov his countrymen he's a pratty good hond at shiftin, an' helps it on wi' a bottle o' claret or sum other wine, an' then settles deawn to an heaur's smoke—But he's not a numerous sample.

"It's blowin' greight guns" to-day an' a deeal cowder, an' th' stalls 're fleeing abeawt th' market place (it's oppun space mind yoa) i' big splinters. An' th' market wimmin's fleeing after 'em to get howd o' ther own pieces. This is varied bi' an occashunal slate droppin' fro' a high roof amung th' ruck, which "spreads dismay around." Yoa may think aw'm bilious, an' ut mi dinner's disagreed wi' me. Well aw'll gi' yoa mi range, an' yoa con judge for yoarsel':—

MENU.

Linfunsuppa.
Stainbutta mit Butter and Krsfs.
Rindflasich und Gurkinsauce.
Bluman Kase mit Schweinsculalette.
Kalbskuff en tortas.
Gausebrasan.
Cumpas und Salad,
Pauding al and Cremes.

DASSAR.

This, assisted bi a bottle o' Gersenheimer, is as near as aw con get. 'Th' very reading on it's enoogh to gi' yoa yaller janders, an' if it isn't very plain to yoa, yoa mun get sum'dy to mak' it plainer. Aw've had enoogh to do bi ayting it.

Mi evenin reputashun's keepin gud. Aw've had mi stage box at th' opera, an' bin introdooced to th' "primos" o reawnd, an a vary nice lot they are, though eaur conversation is but limited o' booath sides, an' we have to fo back upon an "Able-r" mon as is a batchelor, an' allus pleased to help a body through, and stond a supper.

In mi lucid intervals between mi biznis an' other engagements aw've visited agen th' "Mosella Saal." Well, in fact, ther's scarcely any other place ov amoosment to visit at present, an' mi visits theer ha' bin so frequent as to start th' enquiry as to whether aw wer one o' th' shareholders, or a "ded yed." But aw've paid up o' demands, so far, an' a bit o'er, an' consider that i' case o' dissolution or other catastrophy aw shud be fully entitled to to'thre cheers un' a table."

Amung th' curiosities is exhibited a yung woman seventeen yer owd, an' 8ft. 2½in. lung, an' if her two feet cud be added hoo'd measure abeawt three yards an' a haif. Hoo has a gud body, poor legs, an' a pleasin' face. Aw shuk honds wi' her, an' it wur like gettin owd ov a piece o' damp flannel. Aw expect yerrin afore lung at th' greatest show on Earth (late Barnums), has getten howd on her. Her name's *Marian, Die grösste lebende Person-Phänomenal. Nur bis Freitag.*—So neaw yoa know!—Then ther's a Mestur *Francois de Blanche*, as has bin decorated bi *Von Sr. Majestät dem Kaiser von Russland* und dem *Sultan Abdul Aziz, U. S. W.*

An' a very clever felly he is, he does a lot o' them theer conjurin' tricks wheer quickness o'th hond deceives th' ee, an' then shews yoa heaw it's done. Aw've getten th' receipt for sum o'th best uns, on' aw meean havin' a try at 'em sum o' these days, an' then yoa shall see for yoar sels. He besides gie's some character impersonations; an' amung others—wot aw dare say may be considered true and correct likenesses—ov Bismark, Shah o' Persia, an' others wi' whom aw hav'nt any personal acquaintance, so connot speigk authoritatively. But wheer he picked up his idea ov an English gentleman aw connot imagine. He certainly cud never ha' bin i' ony English society, an' awm sure he's never bin i' Lancashire, or if he has, it has'nt bin for lung enoof for him i' get any notion ov an English gentleman. Theer they'd have oather towt him better or punced him weel—an' soon too. Fancy an English gentleman made up summat between an ape un an idiot, an' addressin' a lady at an' evenin' party i' this wise:—"Will you allow me to give you the pleasure of a turn round in a polka, and oblige me with the honour?" an' then he sets too a polkain' reaund i' a mooast ridiculous fashun. Aw felt like gettin' up an' givin' him a lesson i' English manners (thro' clogology) mysel.

Havin' got thro' mi wark, aw oncet mooar set off whoam agen, *via* Rotterdam—just lukin in at a bazaar i' Leipzic— orginized for th' purpose o' buildin' an English church theer.

Gettin' to Harwich o' Sunday mornin' at five o'clock, aw're rayther ta'en aback—as aw're peggin' mi way to th' train—to feel a hond drop rayther heavily—for th' weight on it—on to mi shooter, whilst a weel-pitched, but thin voice cried eawt, "What! mi noble R'Dick?" Lukin' reaund i' utter amazement, aw sed, "Aye, it's that unfortnit bein', but who the hangman art'—Well! aw'll be hanged! Is't thee, Billy? Whot ever browt thee? An wheere's t' bin? An' wheere are t' off to? Aw shudn't ha' known thi fro' one o' thoose emigrants 'at coom ower wi' us, if tha hadn't spokken!" An' sure enoof it wur mi (aw'm sorry to say mi late) artistic friend, W. G. B., returnin' fro' Antwerp, wheere he'd bin for th' benefit ov his health, an' for study an' otherwise.

Well, aw geet whoam o reet, an' here eends th' ackeawnt ov mi travels, o but ov an incident 'at aw'll slip in for a wind-up. It's not an excitin' tale, but it's a true un, an' aw'll co it

A KESMUS SKETCH.

NEAW to write a "Kessmus Tale" you owt to ha' summut to say abeaut snow an' holly gatherers; blazin' fires an' starvin' poor; plum puddin' an' steamin' punch; an' mistletoe boughs an' flirtin'; but th' nearest aw con get to it is this, that on th' 16th day of October 1882, th' snow wer fallin' fast. Well—it wer na' fallin' just then, but it had bin, an' it wer as it usually is at sich times when snow's abeaut,

—rather cowd. Th' trees i'th valleys, 'at hadn't yet prepared for winter's change, bi doffin' th' summer's green, ud just getten their topmost boughs thinly plated, as if wi' a thick hoar frost, which lent a special charm to th' ever varyin' hues beneath, whol as yoa gradually wound reaund to'ards th' meauntin' top, so gradually did th' trees assume a pale an' paler aspect, until at length both tree an' field, as far as eye cud reach, wer covered wi' one huge windin' sheet o' snow.

Uppo' this particular day two travellers met ha' bin seen huddled up i' ther travellin' rugs i' opposite corners o' a second class carriage on th' ——— Railway, i' Saxony. One o' thoose travellers wus a "Lanky,"—that wer me. An' th' other wus a "Yanky," that wer my friend,—booath on us havin' been on a similar errand, that is, mixin, up a bit o' pleasure wi' biz'ness, an wer just returnin' fro' Dresden, wheer we'd bin seet see'n' for th' week eend, to resume eaur labours i' th' centre of a manufacturin' district, an' keep an appointment to dine wi' others of an "Englische Sprechen" race.

Yoa seen, tho' this lond o' the "Saxon" isno' so far off as Ameriky, they dunno' talk same as you do. An' when yoa meet wi' sum'dy as does, yoa're fain to shake honds, an' aw'most swear eternal friendship. This is a feeling that aw've experienced uppo' several occasions, an' as mony times has that feelin' been reciprocated bi friends fro' th' "Far West" whose pursuits, like mi own, lead 'em into "strange lands." Bi way of illustration aw connot—aw think—do better than relate followin' story, as told to me by th' "fair one" hersel'.

Aw wur attracted bi' th' name of Miss L——y W——n, "Englische Soubrette," in large characters on a concert hall bill—an' curiosity, mingled with a soart ov a feelin' akin to pleasure, an' un heaur to spare before dinner (which, bi'-th' bye, had to be held i' a room i' th' same buildin' wheer this damsel had t' appear), decided me to goo an' see th' lady i' question. Well, we'd getten eawr chairs an' a table planted reet up at th' front. I' these places yoa mun have a table, an' if ther's a Yankee i' th' company yoa mun be i' th' front —that's pretty weel understud. An' when Miss L——y coom marchin' on i' scant attire an' spangles to sing a la-di-da sooart o' song, aw fund her to be a pleasant lukin' lass, wi' a gud-humoured reaund face, an' a figure to match. Her style an' singin' "fetched 'em" gradely, an' "Yank" an' I wer so pleased 'at we mutually venturt to run th' risk, for th' sake of her country, of invitin' her to jine eaur little party, which invitation hoo gladly accepted, knowin', as hoo afterwards confessed, that we wer English, an' had marked us out i' th' hall, an' had so remarked to others o' th' company. I' the' course of eawr conversation aw gathered th' following—

"I belong to Leeds, in Yorkshire. I went on the concert hall stage when 18 years old. I had a good home, kind parents, and everything that a girl could desire; but I had a good voice, and a fair knowledge of music, and at one time thought of turning it to account by preparing for the operatic stage, in the study of which a relative had kindly promised to provide all preliminary expenses. But no, I possessed knowledge enough (so I thought), and once determined, with me is to do. The footlights presented to me an irresistible charm, and I commenced to 'strut upon the stage' in conjunction with Nelly, as duettists. This partnership lasted twelve months, during which time we appeared in the principal music halls of most of the large towns of England. An engagement being offered me on the Continent, I accepted, and have been here ever since, now six years. I have been

A CONCERT HALL IN SAXONY.
The "Englische Soubrette."

very successful, never having been without an engagement. Sometimes my journey from one place to another is very long, and it is then I feel my loneliness, for I am naturally of a happy disposition, and, as a rule, enjoy myself by myself, and it takes something to daunt me. That I have been sorely tried cannot be denied, and God knows that many times I have returned to my lodgings almost broken-hearted, and cried bitterly at my lot. And the temptations that have been placed in my way at times, made me almost resolve to end them all by putting an end to myself. But the thought that God is good, and ever watching over us, has given me comfort, and I have fallen on my knees, and prayed to Him to give me strength to bear up against all my trials and difficulties. And I can assure you that never under any circumstances (and you know such as we have to appear before the public as all smiles and no heart) have I laid my head on my pillow at night without first saying my prayers, prayers taught me at my mother's knee, and which remind me of her (though now gone to rest) and home, and I have felt relieved, and slept in peace.

I had, until very recently, a sailor-like superstition with regard to Fridays, and would never accept or commence an engagement on that day—looking upon it as unlucky, and fearing that something of an unpleasant nature would happen. But one day I landed in a town in Russia—a rather out-of-the-way place—without a coin about me of the value of a penny piece, and being my first engagement there, and quite unknown to the manager, I could not draw upon him for a portion of my salary until I had made an appearance. This I dreaded to make on that night, it being a Friday. But driven to a strait, I was compelled to do that or starve, and as I surveyed my audience from a slit in the wings I discovered that they were composed principally of the lower order or labouring class of people—all smoking, and as I listened to the hisses with which the other members of the company were received, my heart sunk within me and I felt faint. I called the manager, and expressed to him my fears, but he cheered and encouraged me to go on, and it pleases me to relate that I met with one of my greatest successes that night, and an engagement is always open for me there when I am wanting one.

When I am not singing on a Sunday I always go to church, and my only companion is a well-thumb'd prayer-book."

Hoo rattled an' talked, an' said heaw happy hoo wer "to get a chat wi' an Englishman," as hoo wer tired of jabberin' French an' German—booath of which hoo'd picked up an' talked like a native. An' hoo hoped as aw wer happy as mi friends, relations, an' bad debts ud alleaw me to be. But just then aw wer particularly happy, an' aw said it ud afford me mooar happiness to resume our conversation on the morrow, which wer agreed to. An' then aw went to mi hotel, wonderin' heaw many o' these tinsell'd, silk-encased fut-leet public pets say ther prayers—an heaw mich better mony ov us ut sit i'th' front ud be, if we wer to tak a leeaf fro' this lass's history, an' carry a prayer-book i' eaur pockets.

TO A CHUM.

Wot ever ails my owd friend Joe?
   Wot mae's thee look so glum?
Last neet tha'd hardly speigk to me.
   To me—thy owdest chum!

Choos' wot it is, eawt wi' it lad!
   Durn't let ill-feelin' taint thee.
Tha'll happen find aw'm noan as bad
   As wot hard thowts ud paint me.

Ov wot i'th' world tha'rt sulkin' at
   Aw connot form a notion.—
" Wot's up wi' Joe?"—said ' Happy Ned'?
   " He's gone and *left his ' lotion '!* "

Aw twigged thee lad!—but ne'er leet on.
   An' Jones—he thowt it strange to.
Bi th' mon!—Thae never said ' good neet.'
   An' cleean forgeet thy change too.

Thae knows sometimes we getten thowts
   But little to eawr credit.
Its wrung o' *thee* t' think wrung o' *me!*
   So neaw my lad!—*Aw've said it!*

If friends we wer' then friends let's be
   An' act as " man to man,"—lad.
Not sulk an' sneer, nor mope an' fret.
   Eawr " life is but a span,"—lad.

TO A CHUM.

So let's make th' best on't while we may
    Not wait until we're deein'—
Its th' safest plan for t' make us fit
    For th' futur' better seein'.

Let's strive to make o reaund us glad.—
    Let's do the thing that's reet—Joe.
To friend an' foe. It's better—and
    Mooar pleasant in His seet—Joe.

Could we but truly see eawrsels
    We'd awter—that aw'm sure on ;
Tho' doctorin' one's sel's a job
    One seldom mak's a cure on.

Still—let's forgive each little fau't
    We think we see in others.
In eawr own ee' the mote may be
    We think is in eawr brother's !

AMUNG TH' LUNYS

A FEW yers sin aw took part i'th' Annual Christmas Treat given to'th' imbeciles i' one of our large workhouses. Whether th' sumptuous feast ov which each one partook wur provided bi'th' "Board o' Guardians" or sum other benevolent beins aw care not t' enquire, suffice it to say they did full justice to o 'at 're set before 'em. It wur wi' th' after proceedings 'at aw wur moor interested, It seems 'at uppo these festive occasions a privilege is granted to th' Faymale Inmates of allowing 'em to doff ther workheause garb an' don thersels for th' time being i' such "gorgeous array" as they may be fortunate enough to lay ther hands on; an' this is taken advantage on—moor espesh'ly bi' th' yung uns—to'th' fullest extent, an'th' spectacle presented is somewot pekooliar. After th' feasting, th' rooms are thrown oppen for o sorts o' games an' amusements, an' as o th' visitors are expected to jine in, aw wur bizzy direckly, an' fun misel i' two-thre minits i' th' middle ov a ring, an' bein' serenaded as a —

"Silly old man, he walks alone,
He want's a wife and cannot get one."

That's o' *they* knew abeawt it! An' they towd me to goo reaund an'—

"Choose my own," and—
"Choose a good one or let it alone."

So it pleeased me to choose a short-skirted, sandal-shoed, holly-wreathed, dark-eyed lass ov abeawt sixteen yer old, who coom bounding up to mi side as if abeawt to take part i' sum acrobatic performance. Hoo wur evidently much pleeased at' th' preference aw'd shown for her, an' takking howd o' mi' arm i' a very affectionate manner led me reaund at a merry skip until—

"Now, young couple, you'll kiss together,"
which we did, much to eaur own satisfaction an' th' others amusement. This game wur carried on for sum time amidst yells ov delight, but it struck me as being somewot strange that whenever it fell to th' lot ov any o' th' women to mak a choice, they allus chose fro amung th' visitors, not one o' ther own soart ever being honor'd wi' a call.

Amung th' visitors wur a celebrated Lancashire author an' poet,* who had bin contributin' to ther amusement bi' singin a song descriptive ov an owd wayver singin' while workin' at his loom, an' hed just takken his stand bi' th' side o' me—watchin wi' curious interest th' extraor'nary dancin ov' a lad an' lass as wur jiggin' it gaily to' th' lively strains ov a creaky fiddle an' a cracked tambourine—booath bein played bi inmates—when a quare lookin piece o' humanity pushed between us, an' after lookin intently up into th' face ov mi friend for a few seconds, he sed, " Aw say, owd lad, it'll noan be so lung afoor tha wears a Scotch cap an' a corderoy suit."

Then turnin to me he sed, " Hello, Tom, heaw lung has tha bin here?"—Thinkin' it best to humour him, aw replied, "Oh, not so lung; heaw are tha gettin' on, like?"—"Oh, nobbut middlin', mon. Aw've bin poorly sin aw seed thee last."—" Oh, aye wots bin th' matter wi' thee?" "Aw'v had a sore throat, mon."—Then tha's bin i' th' hospital, aw reckon!"—"Aye;" then after a pause he continued, "Wheer are tha livin' neaw?"—"Oh, aw'm livin' up aside o' th'

---

* The Late Ben Brierley.

Park yon." —"Are tha for sure! Awst come o seein' thee sum day."—"Aye, do, lad, ther'll be a pipe o bacco an' a gill for thee."—" *Awst Come!* "—Here we're interrupted bi a nice lookin sooart ov a lass coming up, droppin' a modest courtsey, an' sayin', " Please sir, will you dance with me ? " An' tho aw never professed to be mich of a dancer, aw ut once begun a twirlin reaund i' th' "gay and giddy waltz," only loosed bi one to be seized hold of by another, until at th' end o' th' dance aw wur dropt, pantin' for breath, into th' lap ov an owd dame, who gave me a gentle shove an' politely requested ut "awd tak' misel' off wi' mi marlocks." An' so gam' an' sung were carried on, varied bi' sich triflin' incidents as an owd cratur axin' for a pinch o' snuff, or a young felly beggin' for a bit o' bacco— " if nobbut a mouthful "—until eleven o'clock, when th' women, after bein' presented wi' hawf an orange a-piece, were marched off, single file, to ther dormitories. Awd someheaw getten' parted fro th' rest o' th' visitors, an' wer stood bi misel, watchin' wi' mingled thowts, these poor crayters retirin' for th' neet, when a shockheaded wench broke thro th' order o' things bi' leeavin' th' rank, an' bouncin up to me, geet me reaund th' waist wi' booath arms, an, twistin' me like a peggy i' a dolly tub, exclaimed—" Eh, bless yoa, bless yoa!"

Aw had to walk whoam after midneet—abeawt four miles thro' th' snow—but it wur wi' a heart made glad wi' th' thow't ut these poor demented crayturs are weel tended to an' cared for, an' have their occasional glimpses o' somethin' like th' sunshine o' human life to gladden theirs.

CONCERNIN' COMIN' OV AGE.

It is'nt everybody 'at as th' gud fortin' o' celebratin' ther comin' of age bi havin' a jollification an' entertainin' ther neighbours an' friends. Aw know as far as mi'sel's con-concarned, ther 're mooar fuss made at mi comin' into th' world than ther wer at mi comin' ov age. One wer a day o' rejoicin',—so aw've bin towd, mind yoa—t'other wer passed by unheeded an' uncared for. At th' one ther 're plenty o' that stirrin' which tends to mak' a "merry meighl" merrier —brass; when aw coom to th' other it wer o gone—as th' song says—"like a beautiful dream." But it frets me noan, not it! Aw started wark afooar mi wisdom teeth wer weel cut, an' th' signs are 'at aw'st wark on—if God spares me— till ther isn't a tooth left i' mi yed. Mi liver's seaund, an' mi heart's leet. Aw've bin one o' natur's happiest breed, an' woo'd dame fortin' as honestly as mon cud, but th' owd lass smiled but faintly, an' tacked me on to her eldest dowter misfortin', who 'as clung to me as persistently as a weet senglit, an' lettin' in but an occasional glimpse o' prosperity's sunshine, as if to tempt me on—like one o' them *ignis fatuus* fellys—to summat beyond mi reach—but aw fowt shy. Aw've seen so mony stumble through reachin' too far. Aw've bin bustled, bamboozled, an' humbugged, an' knowin' aw this, ther's few foak happier—an' awm just i' hopes 'at this "ill-mannered wench" 'll get tired on me, an' that her mother, seein' th' errors of her ways, 'll tak me kindly to her bosom an' lull me gently to rest, if not i'th' lap o' luxury, at least decently, so ut mi exit may be made pleasant an' peaceful. Neaw then—yoa despondents—tak heart, whol ther's life ther's hope, an' here's a Happy New Yer to yoa o, an' mony mooar to follow, an' to mi tale.

To talk o' comin' ov age, seaunds like baronial halls, gatherin' o' tenantry, laudations an' presentations to th' heir o' vast estates, whol his younger brother or owder sister—if he has any—pass by unnoticed. But ther is sich a thing as comin ov age i' a much humbler, though not less happy sphere, an' it's one o' these awm beaun' to talk abeaut.

Th' subject wer Billy o' Dicky's o' Frank's, as cum ov age i' Manchester—wheer he're born—though th' celebration wer held at that weel known resort for festive gatherin's, th' Plough Hotel, at Lymm i' Cheshire. Abeaut Lymm itse ther's not mich attraction, nobbut *th' owd stocks*, i' which mony a vagrant has swung his limbs as weel as he could, an' grinned his time, exceptin' you ca' a fat wench i' short clooas an' thick legs, as weighs seventeen stone, an' still growin' bigger—but nowt owder, an attraction. An if hoo lives till her comin' ov age, hoo'll be abeawt thirty yer owd, as hoo's nobbut bin thirteen this last three or four yers. Still at th' "Plough," wi its gardens, its bowling green, its dancin' and dining rooms, an' excellent caterin', ther's everythin' yoa con wish for to fill up a day's enj'yment. No wonder, then, that sich a place shud be selected for sich a meetin' wheer th' heir cud greet his family's acquaintances, an' kick up his heels among his likes.

An' though ther're no joyous flag hoisted on th' heause top flutterin' a welcome i'th' breeze, ther're mony a weel wishin' heart beatin' i'th' room beneath. An' if ther're no ox roastin' on th' green, ther're enough ready roasted uppo th' table. An' if th' Duke o' Knavesmere wer no theer, aw wer, an' at after "Billy's" health had bin proposed by a friend o' th' family (as is unaccustomed to public speigkin) aw wer co'd uppon to say a few words, an aw sed—

"Mestur Cheerman (that were Billy's feyther) an' yoa ut's come—an' yoa ut's comin' of age, for aw see ther's a fair sprinklin' o' booath—this meetin' co's to my mind mony pleasant recollections, an' forgivenesses o' sins. To us that hav' lung sin' attained eawr majority, an' battled an' struggled for happy eends, it's a real pleasure to witness yoa wi yoar unfurrowed brows, breet, sparklin' e'en, an' wi' gladsome hearts, steppin' so joyously on th' threshold o' mon's estate. May thoose breet e'en ne'er be dimm'd wi tears o' regret, nor yoar hearts bowed deawn wi weight o' care.

Bein' a mon o' th' world aw may be pardoned if uppo' sich an occasion, an' wi' sich mingled feelin's, aw temper a bit o' advice alung wi' a bit o' experience, i'th' few remarks aw've bin accidently co'd uppon to circulate.

Aw'd no sooner begun to singe th' down off mi face then aw begun to fancy it wer gettin' time ut aw shud be lukin' forrud towards settlin' deawn i' business an' married life. An' when th' parental traces were losed, an' aw wer left to goo mi own gate, aw signalised mi freedom bi buyin' an' presentin' to misel' a few smo things ut aw thowt met prove useful i' that contemplated change.—That wer abeawt o' as wer yeard o' *my* comin' ov' age.

Yoar son—mestur cheerman—has bin mooar fort'nate, an' it's to be hoped he'll never forget thoose that ha' paved his way an' made it easier travellin' than it otherwise met ha' bin. But mind yoa, it doesn't awlus follow that becose things are made a bit easy at th' startin' p'int o' life, they'll ever remain so. A gud deeal depends on heaw he steers his course. Banks may break; fire may destroy; speculation may ruin. An' friends are few when the boot heels are cammed. Steady honest thrift will meet wi sure an' safe reward.

Aw con name thoose ut but a short time sin knew neawt o' this warld but its pleasures—born to plenty, reared i' luxury, eddicated to th' best, an' associated wi th' greight. But other days an' other fortins coom, and ther buddin' into mon an' womanhood wer met bi exchangin' a country mansion, wi o its comforts an' beautiful surroundin's, for a little cot i' a narrow street of a manufacturin' teawn. An' bejewelled honds, used to little beyond th' key board of a piano, may neaw be seen strivin' wi' scissors an' needle to earn a few shillin' a week bi trimmin' a bit o' wark gi'en eawt fro' a lace fact'ry. This is no idle talk, but a reality. May it ne'er bi th' lot ov any o' yoa.

This is an' age o' tall talk, tall collars, fut bo, billiards an' beer; let not yoar days be sullied bi an o'er indulgence i' ony one on 'em. Trust not awlus to appearances, ther's mony a wicked heart masked bi a pious lukin' face. Dunnot assume a virtue yoa hanno' getten'. let yoar professions be only wot yoa know an' have experienced. Aw've seen addle-pated swelldom, wi' neawt to recommend it but a weel dressed impudence, ride o'er patient desarvin' merits, an'—for a time —"rule it uncontrolled above their betters." Live weel, but dunno live too weel; gie no ear to slander, nor borrow nobody else's ear to listen to yoars. If it be i' yoar power—as Ned Waugh sings—to

"Give some weary traveller a lift on the way,"

give it. So it'll be a pleasure to booath, an' say nowt to "Missis Grundy." Avoid shams and pretence, an' th' eend 'll be yoar gain.

An' if yoa live to an owd age—which aw hope yoa may—yoa may luk back to a weel spent life, an' be prepared wi calm an' dignified resignation to th' inevitable. For it's a sorry seet to see an owd lemon-wrinkled visage totterin' on th' verge o' th' grave an' yammerin' mooar after this warld's goods than thinkin' o' th' next warld's joys. Neaw aw don't know as aw con say ony mooar, aw've happen sed too mich, an' bin too sarious, but aw've felt that way, an' aw'll say no mooar, but wish you o th' best things this world con afford.

It's no use sittin' deawn to cry,
   If things don't just come reet;
Let's up an' meet 'em face to face—
   Be they black as th' blackest neet.

We aw of troubles have a share,
   There's noan con say they're free;
Let's try an' help each other eawt
   Wot e'er their lot may be.

Hope on—an' say not hope's a dream—
   Nor yet a "flattering tale;"
It's hope that kindles life anew—
   Let's hope and ne'er say fail.

When childer cluster reaund one's knee,
   An' prattle of the morrow;
Let's hope their fairy visions may
   Unclouded be wi' sorrow.

Sometimes we fret an' fratch o'er nowt,
   An' think th' world's ceased to move,
If but a freawn's seen on a face
   Of one o' thoose we love.

Let's hope owd Time 'll set us straight,
  If happen we goo wrung.
An' ne'er may th' name o' one that's dear,
  Be yerd on scandal's tongue.

An' when to th' eend o' life we come,
  An' from o friends we're riven,
Let's hope it's only for a time,
  An' we may meet i' heaven.

ON FOOTBALL.

Wheer aw shall get to next aw'm sure aw dunno know, but aw seem to be turnin' up i' o sooarts o' places. Aw've a stondin' invitation to goo deawn a coalpit an' be shown under greawnd, but aw'm feart it'll ha to stond o'er fur sum time yet, as aw'm no ways anxious to goo oather *under* or *over*. Mi narves are no strung enoogh for oather "cage" or "balloon," though they had a gud turn o' Setterday last bi bein' tested at a footbo' match, "Swinton *v.* Birch." at Swinton. This aw're persuaded to *do* bi'th "Member for Everton Road," as said ut if aw'd never seen a gam' at footbo' aw owt bi o meeans to goo, as aw'd be delighted, an' if aw wanted a new hat or a reefer for th' winter aw mun back " Birch to win." Aw thanked th' "Member" very kindly for his informashun, but towd him as aw'd had th' *sartin* winner gan mi for th' St. Leger at sixty to one bi sumb'dy as *owt* to know, as wur scratched twothre days before th' race. Aw cudn't see mi way to bettin, but aw'd goo an' see em' play. "Well," he sez, "they're beaund to win, ther's nuthin' con beat 'em" "O reet," aw sez, " an thee luk forrard to th' unsartin futur' wi hope an' jy."

It wur as beautiful a weet afternoon as yoa cud expect for this time o'th' yer, th' rain comin' deawn i torrents, so aw tuk mi seeat—along wi' two or three others as had getten a new hat interest in th' gam'—on th' top ov a Swinton Tram Car, as'll compare favourably for speed wi' a "L. an' Y." luggage express, an' has left mi we' as nice a bit o' rumatiz as anybody cud want to yer crack i' ther' left shouther. Th' gam' wur delayed abeaut an heaur at startin' on akeaunt o'th'

ON FOOTBALL.

layin' ov a foundation stone of a buildin' as wur half up close by. They had t' sing a hymn, an' aw had th' pleasure o' takkin th' drippins ov another felly's umbrell deawn th' back o' mi neck till aw're welly floatin' i' mi' clogs. When aw towd him bi way ov a hint, at if he didn't oather "shut up" or "move off" aw'st belike to begin o' bailin' eawt—he retired.

Th' fut bo'ers cum into th' fielt amung Swinton cheers and steady rain—beawt jacket or cap. Swinton, led on bi "Beswick," and Birch bi "Mack," at once spread thersels eawt i' places, lukin' at one another as they stood theer. "Birch" is th' biggest lot o' fellys, but 'at they wurno' th' strungest, th' result 'll show (an' it appears to me ut strength has moor to do wi' this gam' than eawt else), as th' Swintonians didn't let 'em get a chalk, though they fowt very hard for it, an' i' stead o' givin' ther opponents a gud "Birchin" they went back weel hommered.

Well, th' gam is started bi one chap givin' th' bo a "kick off." Another chap catches it i' his arms, an' sets off runnin' wi' it as fast as he con, but he meets wi' an obstruction i' th' shape ov another chap's yed, which comes like a batterin' ram agen th' pit ov his stomick, an' after performin' several evolutions an' revolushuns i'th air, he cums deawn wi' a thud an' splash as mun be moor painful than agreeable. Batterin' ram, i' his turn, maks off wi' th' bo, an after buttin' his way through a few on 'em, another chap lyin i' wait for th' chance, springs on him like a terrier at a rot an' gettin booath his arms reaund his neck they cum luvinly to th' greaund together, wheer they wrostle awhile for possesshun, which bein' got bi one, o th' others is got t'gether an' th' bo is thrown amung 'em. Then they ge' their yeds together, mon to mon, an' have a "scrimmage" for it, then a "try" an' a "goal" or a "touch-deawn." An' so they goo on *ditto-repeato*, runnin', wrostlin', puncin', throwin', scramblin', buttin', an' scrimmagin', amung cries fro' th' lookers-on ov " Brayvo—Weel played—Touch it Swinton. Neaw Ogden! get owd on't owd lad.—He's getten it bi guy! Ther isn't a mon o' this greaund to-day con' tak' it off him!—He's th' best player i' England is "Little Oggy."—Hooray—weel play'd "Mac."—Neaw he's a chance o' gettin' through, fur he runs like an antylope, does " Mac."—Neaw " Farr" (th' Swinton pet) howd him!—An' he does, fur—

> "He's coom fro' Farr away
> To play i' the game to-day,
> An' show the "Boys o' Birch,"
> Swinton won't be left i' th' lurch."

"Neaw, Charley, what 'll thi fayther say? But tha's done very weel, ma lad, an' upset as mony as anybody else i' th' fielt."—"Neaw, 'Beswick,'—tha little snig—ger off wi' thee.—He will ha' fair play—he's wuth his weight i' gowd i' any match, is 'Beswick,' if it's nobbut fur that."—And so on till time is co'ed, an' they o walk off smokin' hot an' beslutched up to th' een. Sumb'dy sed ut " Birch" played a bit loase, an' not so well together, or they met ha' stud a better chance. Aw'm no crittik, so my opinion winno goo for mich, but ther's very little puncin' at th' bo, an' a gud deal moor at th' shins, an' occashunly a friendly attempt at throttlin' one another.—That aw *do* know!

Aw mun a luked a bit excited, for when aw're gettin' to'ards whoam aw wur ax'd if aw'd bin t' a funeral, an aw sed " No," but aw've bin to a futbo' match, an it seams to be a ready way o' preparin' for 'em."—An' my friend th' " Member" 's getten half a dozen new hats to pay for.

KILLARNEY

SKETCHES IN "OULD OIRELAND."

To thoose ov my friends who have bin enquiring after my health an' wonderin what aw've bin dooin lately, aw may say ut my health's just middlin, wi' an inclination to mooar rest, an' my dooins are summat similar, though aw keep on movin an' at times turn up i' quare places. An', to thoose ut dunnot know me, aw hope they soon will do, an'll excuse me introducin mysel, by axin 'em to tak me by th' hond kindly, an' bear wi' me patiently, an' aw'll talk to 'em truthfully, an' if not amusingly, pleeasin'ly, *anecdottically*.

Well, of o th' places i' th' world for onybody of a peeaceful an' anti-dynamitical turn o' mind to turn up in just neaw, it's Ireland; but aw managed to spend two-thre days theer at Easter time, along wi' two others ov a rovin turn—" Eaur Joe," an' th' "Chief Justice." This wur th' fust time ut ever aw'd planted my foot on a bit o' "rale ould Irish turf," an' though aw'd scarcely time, as yo' may say, to dance a jig on't, aw'll tell yo' what aw did see, an' what aw think abeaut it, an' show yo' on th' road to Killarney.

Maunday-Thursday wur as cowd an' windy a day as ever whistled jigs to a milestone; it wur just cowd enoogh to freeze up th' blood of a Polar bear, or chip bits eaut o'th' North Pow; an' though aw wur towd ut everythin had bin "cut an' dried" for sailin fro' Liverpool to Cork—which aw dar' say is th' best road yo' con go i' th' summer time—ther' wurno' one eaut three, bar mysel, ut dar' ha' faced a twenty-four hours' enjoyment on th' tempestuous billows that neet. So we resolved at th' last minit ut we'd tak th' seven train fro' Victoria to Holyhead, an' theerby shorten th' sailin part o'th trip by twenty heaurs, an' cross to Dublin. Havin to change at Chester gan us abeawt hauve an heaur to wait o'th London train, which time wur principally employed by eaur Joe button-holin a guard ut said he wur gooin to tak charge ov eaur train. But he didn't, which aw hope 'll be a warnin to others to'ards bribery inclined, wi' railway guards especially—an' primin 'em wi' drink an' big cigars, wi' a view to lookin after ther additional comforts. When th' train did come up that mon wur not to be seen anywheer abeawt, but wur happen retailin to some of his mates heaw nicely he'd swindled three yorneys fro' th' country. That mon little knew that if th' leeast suspicion had bin created i'th' mind o' one o' thoose "yorneys" ut he wur practisin upon 'um, his life ud ha' bin forfeited, for we wur armed wi' a six-"bed-roomed" revolver amung us, as wur guaranteed not to shoot a mon ut didn't desarve it, as wur carried for protection i' one of eaur waistcoat pockets. Aw'll not say whose, for fear o' gettin that *whose* i' trouble wi' th' peawers that be, for carryin fireirons beaut license. Th' only other cause o' trouble on th' road wur a troublesome cowf an' a flask o' whisky ut belonged to th' "Justice" an' couldn't agree to be parted until th' latter run dry, an' then th' other become mooar resigned. On th' boat ther're nowt particular nobbut th' wynt, which, if owt, wur a shade or two cowder, an' aw wur very soon spread under my rug i'th' saloon, an' th' next time aw moved we wur up agen th' North Wall i' Dublin.

Bein anxious to get on to'ards Cork, which aw wur towd wur th' leetest teawn i'th' world—(in name,) exceptin' Ayr, aw inquired of a porter at th' station what time th' first train left for that place, an' he said ut th' "first train for Cork wint at eight or noine o'clock, sorr—in fact the noine was the eight o'clock train, sorr." This we found to meean, on consultin th' time-table, ut we had to leave theer at eight an' join th' train for Cork at Knightsbridge at nine. This we managed to accomplish, and proceeded, after telegraphin to eaur friend th' Sergeant-Major, as wur stationed at Buttevant, to meet us at Mallow, *en route* on eaur joyful way, upon which ther's nowt of a very interestin natur, th' country bein very flat, an' th' lond, i' mony places, apparently "stale and unprofitable." Here an' theer we geet a glimpse of a mud hut, a "brick ruin," a piebald pig, an' a thin keaw; an' two-thri lambs wi' ther dams, at intervals.

Neaw, fro' my youth uppards, aw've been full ov Irish sung, becoss aw've allus felt that there're sich a love o' country blended wi' love o' wimmen amung 'em. Ther poets sing ther isn't a greener or fairer spot o' th' face o' th' earth than "The Green Isle of the West," an' of the wimmen noane "prattier or mooar bewitchin." Neaw, if aw should say aw fully expected to meet a good assortment o' booath landscape an' wimmen-scape aw must say aw wur disappointed, becose aw didn't see mooar "Green"—an' yo' known welly every Irish sung has a bit o' green in it—th' whol' time aw wur theer than ther is between here an' Chat Moss, nor yet mooar pratty lasses than between here an' Sawfort. Yo' munnot set it deawn as ill-natured, or that it isn't so, but that aw happen hadn't bin to wheer both are grewn. I' passin Limerick Junction aw bethowt me 'at

> "Potatoes grow in Limerick, and beef in Ballymore,
> And buttermilk is beautiful—but that you knew before—
> And Irishmen love pretty girls, and"——

Well, an' does any other *mon* breathe 'at doesn't?

Previously, i' passin Kildare ther wur noather "Norah" th' pride o' that place, nor her sister onywheer abeaut, I so concluded ther must ha' bin a funeral i' that neighbourhood. Havin getten weel on th' road, we poo'd up for a bit ov a rest at a station aw've forgotten th' name on, when th' carriage dur flew oppen an' a chap wi' a long frieze cooat enquired if ther wur onybody theer fro' Manchester, an' aw said "Aye, ther wur three, what abeaut 'em?" an' a part o'th' six-bedroomer wur exposed to view fro' another part o'th' encampment. But ther wur no practice to be had just then, for th' mon said he'd getten a tellygram fro' Sergeant-Major Owen to be given to Mestur Justice, ut wur somewheer i' that train. An' th' Justice geet howd on't, an' said he wur him, an' towd th' felly ut it wur a good job for him ut it wurno' nowt wurr, an' gan him sixpence to goo an' celebrate his new leease o' life wi'. Well, th' tellygram wur to tell us to stop at Mallow, an' get eaut theer, an' he'd meet us wi' a car, which we did, an' he did too; an' as th' road had bin very dusty, an' th' flask had bin deead some time, an' Joe's bottle o' "Garrick's" reduced to a skeleton, we o agreed to rejoice o'er pints apiece of Ireland's best twelvepenny, ut wurno' bad takkin, though it wur sarved eaut to us as if it had bin so mich gowd dust.

This little ceremony o'er, aw made mi next fust appearance on an Irish jauntin car. An' off we went, an' aw nearly went off, too, to begin wi'. But settlin deawn, wi' a firm howd o'th' Serjeant-Major wi' one hond, an' as mich as aw could get a grab on o'th' driver wi' th' tother, we sped gaily along th' road through Mallow to Buttevant, a distance of six or seven miles, an' a barren country it is—ruins everywheer yo' goo, as causes yo' to think ut Cromwell must ha' bin busy i' his day, an' ut o'th' buildin trade nobbut that i' one-story edifices had revived since. Passin one o' these, wi' a little mooar pretensions than usual, ut had a smo patch o' greaund beheend, an' a midden an' two goats, aw make some inquiries, an' wur towd ut this is considered a good-sized farm.

Gettin nearer Buttevant th' prospect improves, an' we poo up at a sheet o' fresh spring-wayter, reaund th' borders o' which ther's tons o' waytercress, which we leeten by abeaut half a hundredweight or so, an' feel correspondinly refreshed. Close by are some ruins o'th' ancient Abbey o' Ballybeg. Movin on agen, we next poo up at th' Protestant Church, which is pleasantly situated. Strollin through its tastefully-kept graveyard, eaur attention is directed to a decently-carved tombstone, ut has bin recently erected by th' officers, warrant-officers, non-commissioned officers, and men of the 1st Battalion Lincolnshire Regiment, neaw stationed theer, i' memory of Private George Richmond, ut wur accidentally shot by a comrade i'th' barracks, i' January last. This, eaut o' respect to a young felly ut hadn't bin lung i'th' battalion, shows ut ther's a bit o' feelin amung these red cooats, mooar akin to th' "milk o' human kindness" than gunpowder.

Buttevant, though some hundreds of yers sin' a walled corporate teawn ov considerable importance, is neaw but a one-hoss stragglin place, though an important barrack station of th' South-Western Military District, th' barracks thersel apparently coverin as mich greaund as th' whol teawn. (For other particulars describin interestin remains, various roads, ancient places, names, an' families, yoa mun buy "Francis Guy's Tourists' Handbook, South of Ireland," an' it'll tell yoa, if yoa want, o yoa want to know—aw've nobbut to do wi' what aw've seen.)

Enterin th' *restin-place* of eawr noble warriors (th' barracks) —for aw noticed mooar restin than owt else—at a brisk trot, we drive up to th' sergeant-major's quarters, an' after indulgin i' ablutions of an outward an' inward application, we walk o'er to th' "officers' mess," wheere dinner is waitin us, an" tho' ther isn't mich formality, ther's plenty o' meight, an' of a good sooart, which is weel dished up by a *chef* as knows heaw, an' as towd me confidentially as his wife 'll never be poor as lung as he lives. His name's " Money."

We enjoyed eaursels immensely i'th' barracks, which possesses mony contributories to'ards enjoyment. We billiarded, an' dominoed, an' sing-songed, an' recited, an' visited, an' wished each other better an' lastinger health mony times o'er, until aw mentally wished 'at th' authors o' my bein had had an' eye to my future—an' not ha' neglected my youth—by makkin a soger on me. Aw felt just then o o'er soger—it'r so jolly; an' next morning aw felt moore so, having slept on a soger's pillow, at leeast a part on't. Th' sergeant-major wur on th' tother part on't, an' when two fellys wi an average weight o' thirteen stone an' a hauf, by five feet eight lung, pass a neet on a space originally intended for but one felly, an him o'er smo'er dimensions than oather on 'em, it maks yoa feel like summat. Joe said he felt th' same, havin bin similarly situated with Justice an', like me, gettin th' wall side. Shadrach's (th' mon-servant) appearance next mornin wur a welcome seet, tho' he seemed a bit bothered at th' " muster," an' loose abeaut th' jacket.

Bein' anxious to see a bit mooar o' mud architecture, an' visit a " potheen store," th' car an' th' rampant steed " Barebones " is once mooar browt into requisition, an' a short drive brings us to a hostelry on th' high road, at which we stop for a few minutes, an' enter, after takkin a survey o'th' eautside, which may be described thus. A one-storied an' straw-thatched roof; not far fro' th' floor ther's a smo oppenin i'th' heause side as sarves for a window to leeten th' dim interior; into this window they'd getten crammed candles, thick twist, an' other things of a similar and dissimilar character. Th' entrance 're by a stable or half-dur.

An' aw may say, i' passin, that i' mony dwellins this dur is th' only entrance *in* for leet, an' th' chief entrance *out* for smook, which 'll account for th' quantity of sore een yoa find amung th' peasantry. Reachin o'er an' liftin th' latch, we walk in an tak eaur seeats uppo' th' hearthstun i'th' chimbley. At eaur feet, uppo' th' hearthstun ther's a fire burnin composed o' wood an' burgy coal, wi' a border o' potatoes o reaund as are bakin for th' evenin meighl. O'er th' top ther's suspended fro' three stakes a big pot a-boilin. Wishin to be useful, aw liven th' fire up a bit by turning a hondle which is close beheend me, as sends a draft up fro' underneath ut sets th' wood a-cracklin an' th' taters a-bustin. Lookin reaund aw perceive ut th' floor's paved wi' brokken brick. Just inside o'th' dur ther's a big vat full o' warm mash made o' potatoes, bran, et settera, as is used for convertin into bacon. Fro' beheend a short counter th' graceful forms of a few cacklin geese come waddlin forth, while a couple o' goats, tee'd t'gether by th' neck, mak bowd to rush in at th' front, an' a twothre hens descend fro' somewheer above, as mun be th' sleepin quarters for th' family at neet; an' which is led up to by a ladder. Th' furniture an' pictures aw consider of a private character, and not to be obtruded upon; but aw will say they wur o weel matched.

I'th' meeantime th' sergeant-major had co'ed th' londlady's attention to th' fact that ther wer four pilgrims present, whose thirsty souls wur longin' for a "dhrop of the cratur"—sum of that we yer abeaut an' seldom get howd on. "Faith," says she, "an' ye can have that same." An' we did. An' oh, gracious *heavings!*—did yo ever? Well, never no mooar for me! Th' contents o' thoose pilgrims' usually placid stumicks wus at wonst stirred to mutiny. As th' frunt dur wur handy an' oppen, fur comment is superfloous. Fro' this sperrit is probably distilled th' term—"Wild Irishman" an,' nob'dy needs t'be surprised at owt ut folk 'll do ut drink sich stuff.

Not wishing to miss a good day i' Cork, we get to that ancient city i' good time on th' Setterday mornin' an' at once set abeaut seet-seein by hirin a car by th' heaur, an' a driver to point eaut th' places ov interest on th' road. Th' fust place we stop at is th' general market—meight, fish, and butter—an' aw noticed nowt different to onywheer else, nobbut th' joints wur cut a bit differently an' sarved eaut mooar slovenly. Th' fishwomen wur dirty, an' would ha' bin a disgrace to any market. Aw had a sooart o' presentiment while walkin' through as we wur looked on as a batch o' detectives lookin for somebody else, ther' wur sich an' ee o' suspicion abeaut. Drivin past th' Court Heauses, we meet th' prison van, wi' armed policemen on th' top, meaunted sogers wi' drawn swords i'th' front, an' th' same beheend, conveyin some o'th' *innocent* Mill Street massacreists to trial, one of which has since bin sent to render an akeaunt i' that place fro' "whence no traveller taks a return ticket."

Cork is a very fine city, an' contains mony public buildings an' places of interest. Passin th' Queen's College, we inquire of eaur jarvey if it's possible to get in. He thinks not, but we "wouldn't have time if we could." Ther's another building cloose by taks eaur attention, an' we agen ask th' question, "Can we get in theer?" an' he ses, "Faith it's much aisyer to get in there than it is to get out again." It wur a *gaol*. "Well," aw ses, "then get on as fast as theau con, an' be tellin us what's yon noble-lookin buildin at th' top o'th' hill yond." "That, sorr, is the District Lunatic Asylum." "Ay, well, that's mooar in eaur way, be gettin to'ards that, for we're towd afooar we left whoam they thowt we're a bit *gone* for comin here sich a time as this." "Aye," says th' sergeant-major, "let's make a call; aw've a particular friend here ut has often asked me to spend an heaur wi' him, an' he'll be glad to see th' lot on us; so drive up an' ask if Mr. Strungwind's within. Th' gentleman wur within, an' in a few minutes *we* wur, an' wur shown into his apartments by a woman as towd Misses Strungwind ther wur four men waitin' to see the mestur ut favvored bein "drapers' assistants."—Th' powsement!

We fund Mestur Strungwind a dacent, obligin sooart of a chap, who at once began, wi' th' aid of a mestur key, to show us through. The buildin itsel' is th' largest o' th' kind i' Ireland. It is divided into three principal compartments, of which th' centre is apportioned to th' harmless an' convalescent, th' eastern to th' violent, an' th' western to thoose i' th' lowest state o' lunacy. Th' greaund enclosed consists of fifty-seven acres, th' mooast o' which is cultivated by th' inmates. Ther's 931 patients, an' 130 attendants to look after 'em. We furst visited th' male patients, who happened to be eaut i' their different sections o' parade greaund. Passin fro' one to th' tother we meet wi mony different faces an' phases. Here is one o' smo' stature, wi' closely-cropped yure, o' gowden hue, ut hangs reaund a forehead abeaut an inch an' a hauve deep, fro' underneath which, set fur back, ther glistens a pair o' ferrity eyes; a short, sharp nose an' prominent chin completes his facial adornment, whoile wi' catlike step he keeps creepin' reaund—as if waitin his opportunity to mak a spring—an' rubbin his honds an' mutterin "Are yo gooin to tak me eaut," or "Would ye gi'e me a copper or two?" Yonder's one preichin as if to a multitude o' folk, not one o' th' tothers takkin th' slightest notice on him, nor he o' them, till he warks hissel' up into a frenzy, an' then he falls deawn upo' his knees, o'er which he's getten leather kneecaps to keep his breeches fro' wearin' through on the gravel, an' begins a-makkin crosses on his face an' th' greaund. Theer's one as has bin a sojer, havin listed i' th' sixty-ninth regiment i' 1836, an' sarved i' th' Crimea an' India, an' bin stationed i mooast places i' th' world. Th' sergeant-major promises to tak him eaut in a few days an' find him summat better to do. Then comes a priest, a fine, strung-looking young felly, as gets talking French to the "Justice," as said afterwards he didn't feel very comfortable i' his presence. It taks six or seven men to howd this mon deawn on his bed, upon which he is strapped every neet. One is called to us who eloquently recites a dramatic poem; another sings a song, an' then we are introduced to Mester Angelo, who has a turn for electricity. This gentleman presents me wi' what he calls his card, which I transcribe in full:—

"ADVANCE IN POWER OF ELECTRICITY,
"By Michael Josh Angelo.

"Music played in the city of Cork, Ireland, will be heard in Africa. He will harp on the new, all musical instruments, and play strange sweets of harmony on a fiddle, which will surpass anything heard of up to the present age. He will also present as a present to the Society of Theatre Exhibitions, a rare curiosity of real life. Men from three inches to eighteen inches In height, who will be able to show most interesting scenes (human in nature). He will also drive a very handsome carriage, fit for a gentleman or lord, capable of taking six passengers in the inside without any horse. On the inside of the carrige a handsome clock will move the electric power by one of the hands being pointed towards any place that you may wish to move to.

"14th March, 1883.

"Michl. Josh. Angelo."

If aw'd call agen o' Tuesday, which aw promised to do, he'd gi'e me his new card.

An' let me say here, for all th' poor chap 're a caged 'luny,' theer 're a deal o' method in his madness. At 're only so thro' bein' a bit too previous. For the time has come, when poor Michael Josh's crazy fancies are turnin' eawt sober realities—or what abeawt phonographs, telephones, motor-carriages, *an cetera?* Some day, aw shouldn't wonder if they *didn't begin* inventin' "men from three to eighteen inches in height,"—it'd give us moor elbow-reawm.

That stalwart young felly i' th' blue serge suit is a well-to-do farmer, an' that aristocratic-lookin' personage i' garments faded an' worn is a doctor, while that dirty-lookin' felly, wi' a face bruised an' battered omost into repulsiveness, is in a fair way o' business as a tobacconist. Wi' an inward exclamation of "God help yo' o to reason an' freedom," we move on an' re-enter the buildin by another dur, an' are shown through th' faymale patients' wards. Here again we have seets sickenin an' painful, an' a clatter that ud put to shawm th' confusion o' tongues at th' buildin o' Babel. A twothre are strapped deawn i' cheears, others ha' getten their faces glued to a windy, anxiously looking eaut as if expectin every shadow wur th' reflection o' someb'dy comin to tak 'em to their whoam agen. One prim an' comely-lookin body fancies hersel' th' Virgin Mary, but her language on th' approach o' mon is owt but choice, an' not what we should suppose that revered lady used when she upon this earth did dwell. One poor soul took me into her confidence, an' towd me hoo coom fro' Boston i' Ameriky, wheer her husband still lived. Aw promised her aw'd co an' see him—t' first opportunity. Aw had a jump i' th' padded room, but barrin ther' bein no corners to run agen it's not much softer than a *deal booard*.

I' th' kitchen they've getten a new patent cookin range, into which they upset looads o' potatoes i' their jackets, then touch a smo handle which lets in a force o' steeam, an' in abeawt ten minutes th' whole lot's thoroughly boiled, an' ready for sarvin up. Opposite this is a roastin range, wheere gas is used istid o' coal. Bein' dinner time, we saw 'em booath i' full wark, though th' joints wur eaut o' proportion to th' potatoes, an' wur carted i' a different direction. We followed th' potatoes, as wur carried away i' big hampers, between two big fellys, to the dining-rooms, an' saw these hapless demented creatures *dine*, a seet at which aw turn sick at heart when aw think on't, an' sich a one as I dunno' wish to see agen. Everythin seems to be done that con be done to'ards conducin to their general comfort; th' attendants are kind an' patient, th' rooms are leet, cleean, an' airy, but aw'm thinkin if ther 're less whisky and superstition o' th' eautside ther'd happen be mooar reaum i' th' inside.

Emerging from this refuge of mental wreck, we mak tracks for moore congenial climes an' th' butter market, wheere we leet of a thoroughbred Corkonian friend an' butter dealer as had been expectin an' waitin for us o day, not that oather on us had ever clapt een upo' one another i' this world befooar. But, bein a friend of a friend of eaurs, an' that friend havin written him that th' "Irlams o' th' Heights' Swampland," an' th' "Ardwick" ambassadors wur abeaut to pay Cork a visit, an' he mun be on th' look eaut for us were enoogh. He mi't ha' known us fro' childhood, an' if he con sell butter as fast as he con talk, his fortin's made long sin'. Sherry an' bitters wur th' immediate result of eaur acquaintance, an' afterwards a good dinner at the "Commercial," as wur punished accordin to its deserts an eaur desires. A remark wur made as it wur a pity ther' wur no mooar folk like us visitin Ireland, as th' hotel keepers felt eaur absence very much.

"Well," aw said, "ther's nob'dy to blame for it, but yo'rsels. Yo' mun use less powder an' wild talk; wark mooar, an' beg less; strive to be mooar useful and less helpless; show a bit o' repentance for th' late murderous past, an' less sympathy wi' secret societies' "butchers." Dunnot strike yo'r neighbour by maimin his cattle or burnin his stacks, an' yo'll soon stond a choance o' reinstatin yo'rsel i' th' good opinion of others, an' pleasure-seekers 'll rush into yo'r lond as of yore."

"Oh," says one, " travellers are safe enough,—they mi't go fro' one end of Ireland to the other an' never have or hear a wrong word said to 'em."

"Well," aw says, " it's mooar shame ut yo' connut agree among yo'rsels, an' until yo' con do that, yo' munnot expect others to feel safe an' agree wi' yo'."

Grog, i' speauted tumblers, an' other company, wur browt in, one o' th' latter sayin' that "He hoped prosperity and peace would soon reign over their unhappy land, and the smiling faces of Englishmen, such as he now saw before him, often be seen amongst them."

"Blarney!" aw ses.

"No," ses he, "on my conscience. If Oireland ever suffers an injustice at the hands of an Englishman it is when he comes over here and marries an Oirish gurl. Oi can forgive an Englishman for everything but *that*. Oi niver was in love but once, and thought everything was aisy goin. The gurl was young, beautiful, an' willin'; but, bad luck to me, just as oi thought oi was goin' to settle down and be made happy for loife, one of your countrymen steps in and robs me of the whole lot, lavin' me what I am, a confirmed bachelor. Well, it's over anyway, and we'll drink to the health of 'Queen Victoria—God bless her.'"

Joe, wi' a view o' testin th' loyalty o' this proposition, suggested a varse o' th' National Anthem, and Meester Butterfirkin said—

"Just to show ye that we are not all bad and disloyal, oi'll sing ye a varse, and it's only myself that could do it out of a company of thirty-two Englishmen lately at Greenwich, when th' toast of the Queen was given, and someone was asked to sing a varse. Upon my sowl there wasn't one in the whole thirty-two could sing it but myself; and oi did sing it, too."

An' if he sung it eaut i' th' way i' which he favvored us, ther 're nowt to complain *on*—nobbut th' drums o' yo'r yers.

Well, o this gossiping kept us fro' gooin' to Queenstown, an' if we meant seein' Killarney we'd best be shapin'; so we tore oursel's away, an' made for th' station, *hen roost*—as th' chap said 'at 'er studyin' French—for County Kerry.

At ten *post mortem*—as another lingoist said—we reach eawr destination, an' here 're same complaint abeawt th' dearth o' visitors. Aw begun t' fancy 'at we're gooin' t'be held responsible for someb'dy 'at hadn't bin, as weel as for someb'dy as didn't intend comin', not to mention a two-thre as had never heard th' name o' Killarney.—An unpleasant fancy to get howd on—'specially as after events turned it into a reality.

Risin' early, well refreshed by a moderate dose of "Nature's sweet restorer," supplemented by a modest potion of one of Civilization's dittos—Jamaica and milk—we took a walk before breakfast to th' Torc Waterfall. On arrivin' an' payin' sixpence (admittin' to all parts o'th' exhibition), an' at after a good fifteen minutes stiffish collar work (which for comfort's sake 'd be best done in a native African costume ov nowt partickilar an' a straw hat) we met wi' one o' th' grandest views it is possible for the human eye to rest on or for the human mind to conceive. The wayter comes tumblin' deawn o'er a pile o' rocks, in a sheet o' foam sixty or seventy feet high, an' then splashes an' dashes its way through a deep

A CURIOSITY OF KILLARNEY.

an' thickly-foliaged ravine into th' Muckross Lake. Uppo' th' left towers th' Torc Mountain (1764 feet) wi' its deeply-wooded sides, while i' th' immediate foregreawd are th' three lakes, their shores embowered wi' woods an' groves, an' formin' a pictur' worth gettin' up i' th' middle o' th' next wick to go a seein'.

Returnin' to th' hotel, eawr virtue wur rewarded by an excellent breakfast, for which we'd aw an appetite to match; an' th' way we astonished that breakfast: trout, ham an' eggs, an'—th' caterers as well, was worth a dyspeptic's while to see. "Early-risin'" is the virtue here alluded to, an' after havin' satisfied its claims we started in a waggonnette for a thirty-mile reawnd, comin' into Killarney teawn, i' which there's nowt mich o' interest, 'ceptin' th' cathedral an' a luny asylum, as aw'm towd howds a terrible seet o' "tics." It's fairly astonishin' heaw they grow this description o' humanity i' these parts.

One o' th' curiosities we coom across wur a felly runnin' like mad, wi' a big, black stick i' his fist. It wur some time before we could make it eawt what it wur he're after. He sheawted an' ran, an' we galloped on an' stared an' stared until he geet up to us, an' then, clinging to the tail end o' th' waggin, gan us to understand, as well as he could, ut he wanted to "sell the shtick y'r anners," or beg a copper. An' here let me tell yo' it's no use gooin' these journeys without plenty o' sma' change, an' a liberal disposition to distribute it. Aw thowt th' Isle o' Man wur bad enoogh, but aw believe th' champion beggists are to be foun' i' "Erin's sweet isle."

On approachin' th' Gap of Dunloe you are met by a lot o' fellies on ponies as solicit yo' to ride through th' "Gap" at two and sixpence each. How they get to know yo'r comin' aw connot say, but ther mun be some collusion somewheere. Ther're nob'dy on th' road that mornin' but eaursels, that aw'm certain. Heawever, ther're very handy for thoose ut cannot walk, or who think it a shame to walk, or are too lazy. We belonged to noather party, so walked. These pony fellies follow yo' on for a mile, then yo'r honded o'er to a troop o' childer, an' "Kate Kearney's" cottage, wi' a grondowter o' that once-mich-sung-abeaut beauty stondin at th' dur knittin stockins, ut yo' con buy for three shillins a pair.

Just i' th' gap stonds a lonely heause wheere yo' con buy owt, fro' a papper knife to a chest o' drawers, made eaut o' bog oak, an' it's very few foak ut passes beaut buyin summat. We now discharge th' carriage, an' start eaur walk through th' Gap of Dunloe, a magnificently wild mountain pass. Here yo' get some splendid echoes; an' a mon springs up— fro' goodness knows wheer—as goos scamperin on befooar yo', an', kneelin deawn, fires off a bit of a cannon ut produces an' effect grand an' wonderful. It seaunds for o th' world like a whole battery o' artillery gooin off at once. Then, pullin eaut a bugle he awakens fresh echoes to its call. Then yo' come to Eily O'Connor's (the' *Colleen Bawn*) cottage, wheer yo' con get refreshed wi' goat's milk or "*potheen*." Towerin high above this, on an immense rock, is a figure which yo'r towd by yo'r guide is that of "Fightin Poll," knittin stockins, a penance imposed upon her for her drinkin and pugilistic qualities. She was said to have drunk three pints o' th' "*craythur*" before dinner every day; but she can only be seen through an opera glass, and by moonlight. Nearly every rock an' stone has *getten a legend*, a story, or a shape or form attached to it, which is dwelt upon by th' guide, but unless yo'r possessed of a very strong imagination yo' may fail to see exactly as they see, though yo' may feel interested i' their gossip.

I' order to save a bit o' time, eaur guide strikes off th' road, an' begins a' climbin an' jumpin abeaut fro' rock to rock till aw begin to think ut wi' a bit mooar practice we should be able to set th' billy goats a craddy. Th' road may be a bit lunger, but it's much easier. When we begin to mak th' descent leadin to th' Black Valley, we are met by a couple o' young wimmen ut mun ha' "scented us from afar," ut use their wiles an' blarney to get yo' to tak a "snifter o' potheen," or a glass o' pure water from the " strame." Not feelin mysel ut aw wanted oather on 'em, aw so expressed mysel; but this wur not enough, would aw *give* a shillin for luck? Aw towd this importunate beauty ut aw hadn't got a shillin, aw'd nowt less than hauve a suvrin. " Well," says she, " oi can give ye change." Well, neaw, if that doesn't " bang Bannagher" for beggin aw've yet to learn what will.

Leavin th' valley to th' left we mak for Lord Brandon's cottage at th' yead o' th' Upper lake, wheear a boat an' two boatmen, an' luncheon are awaitin us. Never wur a luncheon mooar enjoyed, or a sail more pleasant. Sailin th' length o' this lake, two-and-a-half miles, we pass along the Long Range River into th' Muckross Lake. Passin under th' bridge at Dini's Island—th' boatmen co it " Dinah "—we're towd ut th' wayter here is a sure cure for th' tic or th' toothache, an' any one bein so troubled, by rubbin their gums wi' th' wayter when gooin under th' bridge will be cured at once an' for ever. Neaw, fortunately we had a subject wi' us, i' th' shape o' th' " Justice," to test this specific, he havin been sufferin for days wi' tic. An sure enough it cured him at once. Whether for ever or not aw connot say.

These lakes, three i' number, are interspersed by numerous islands, each possessin' apparently different an' distinct characters, an' which baffle entirely my powers o' description.—Goo an' see 'em!

Londin on th' Muckross demesne, we visit Muckross Abbey, an owd an' interestin ruin, an' each gets a root o'th' "shamrock of Ireland," which we bring whoam wi' us. An' though it's said ut it'll never grow on *English* soil, mine is growin' an' flourishin'.

This, yo' may be sure, is a lot to do i' one day, an' for which, yo' may be sure again, you've got to pay. Feelin mooar inclined to rest than travel on to Dublin that neet, we so indulge, an' never could a lot be so favvored i' weather as we wur. We entered Killarney by moonleet—we revelled i' its sunshine, we left it i' a snowstorm. Some folk profess to tell yo' heaw mich yo' con *do* Killarney for, *aw connot*. It met cost yo' less—very likely—or it met cost yo' mooar than us; but if yo' lond back wi' brass enough i' yo'r "kips" to pay for yo'r breakfast an' a shoeblack, you've done vary weel!

WHEN WE BEGIN O' GROWIN' YUNG AGEN!

Owd folks are fond o' talkin'. An' nobody likes yerrin 'em talk, nor reveres owd age moor than aw do. But some on 'em talks too mich, an' so mich off side that they'd have you believe that they—oh, dear no!—never did goo astray, but 're allus " th' good young man," (bless him); and thowt an' acted then as now—" Bosh! " When a mon comes to forget he once were yung, an' connot mak a bit o' lowance for th' yung, it's quite time *he* wur buried. Aw connot bear to yer an owd chap continually praichin' *goody-goody*, knowin' at th' same time that abeaut fifty yer sin he wur one o' th' biggest rips ut ever walked; an' ut if he'd his time to go o'er again, it's abeaut ten to one he'd try an' be a bigger.

Fro' my cradle, it's bin my luck—or misfortin'—to ha' to live an' wark wi' owd folk; an' aw dar say that's why ther is 'at say awm a bit owd-fashunt. But aw hope when it comes to mi turn to tak a corner i' a chimbly nook, ther'll just be bacco enough left to raise a cleaud o' smoke big enough to soothe mi closin' days, an' carry me quietly o'er to th' " land unknown, beaut sayin' a wrang ward to nob'dy.

My fust expayrience o' owd age wer a gronfayther-i'-law, as wer a regular go-to-meetin' member o' society; an' tho' he had me at four services an' a prayer meetin' on a Sunday, awve had to goo seechin' for him up o' th' highways after dark, an' leead him carefully reaund th' bye-ways whoam, so ut nob'dy shud see him i' a state o' wobble. Then aw wer 'prenticed as a narrand lad to a chap as 're a churchwarden of a church—not mony miles fro St. Ann's Square—an' tho' he' 're a cross owd stick, aw wur his 'spechal favourite, till one neet he trusted me wi' his gums (second set) to goo an' have a new tooth set in, which, gettin' done, aw took whoam wi' mi. An' it bein' Sunday th' next day, aw nat'rally put his teeth o' one side till Monday mornin'. An' when that churchwarden seed me agen he swore, he did, he swore till he're purple i' th' face. An' weel he met, when aw come t' think on't, for th' owd lad had noather bin able to ate or sleep for want ov his teeth, while aw wur i' happy ignorance o' th' fact, an' quite unconscious ov bein' th' innocent cause ov inflictin' unnecessary pain on a fellow bein'. My own gums bein' so weel lined, aw knew n't wot it were t' be beaut peggies for a day or two.

Neaw there's owd Johnny Saw—he's a different chap altogether. To yer Johnny talk—an' he's champion talkist i' these parts—yoad think he'd never be owd, an' e'en neaw he boasts o' bein' one o'th' cleverest fellys ut ever trod a sod. An' when Johnny gets hissel planted beheend a pipe an' a glass i' th' "Blue Pig"—wi' sumb'dy to listen to him—it's then his yung blud rushes through his veins an' he's ready to run, wrostle, feight, bowl, or jump anybody i' th' room.

He wur agate o' this sooart o' thing one neet, an' sumb'dy theer—bi way ov a lark—tackled him on th' feighten question, an' at after a gud deal o' hard swearin' o' booath sides, an a threatenin uppo Johnny's part to brake o th' booans i'th t'other chap's body, it wur arranged ut they shud goo an' hav it eawt i'th fielt cloose by, bi candle leet.

So they aich set eawt carryin' a candle a piece, but they had'nt bin gooin' lung afoor one o'th' candles wur missin'. Whether it ud bin snuft eawt, or th' extreme cowd had ta'en owd o'th' carryer's narves an' so shook it eawt, connut be sed. But beside th' leet cher're a mon missin', an' that wer Johnny—an' though ther're lots o' sheautin' for him, ne'er a response wur made.

Next mornin, as he'd ne'er bin yerd on, things begun to luk sarious, an' it wur thowt 'at th' owd lad had bi accident walked into th' pit i'th fielt an' getten dreawned, or had bi design, rayther than feight, gone an' dreawnt hissel reet off. So th' folk begun a draggin' th' pit, but ne'er a Johnny wur theer! He'd bowted a different road o' t'gether, an' when he turned up agen two'thre days at after, an' wur accused o' cowardice, he sed it wur neawt o'th sort, he'd getten lost an' were left *stashunary*.

Johnny, thi feightin' days are o'er, an' ther's no harm i' thi talk, but dunnot talk so bumptious.

WOODSMANSHIP.

"Breathes there a man with soul so dead who" hasn't played at bowls. If he does breathe an' hasn't bowled, then he knows neawt o' th' pleasures an' pastimes o' middle an' owd age particularly.—Bowling! it's th' worn eawt cricketers' refuge an' th' shopkeepers' halliday. Yoa may occasionally find a few yungsters at it, but they dunnot enter into th' spirit on't same as ther mooar matured fellow-men. Why! aw've seen men who had apparently grown reaund-shouldered thro' studyin' cotton reports an' th' price o' pig iron, come on to a bowling green an' talk to a pair o' "woods" as though the're possessed o' full reasoning power, an' mooar geographical knowledge than th' R'yal Geographical Society."

See a mon, after he's delivered wot turns eawt to be a "Jack header," or a "Kisser," stond wi' arms akimbo or folded, an' smilin' admiringly, luk reaund for approval fro' th' lukers on. Or watch another as'll foller an' imitate th' twistin' an' turnin' of his "woods" wi' his body, an' very near lose his balance bi gettin' his body too mich on th' horizontal wi' nobbut a one-leg support, th' other bein' pointed across th' green an' pullin' agen th' "bias." Then another 'll run after his wood until he gets i'th' middle o' th' green, an' theer he'll tak his stond, directin' its course bi clappin' his honds, an' quite oblivious ov anybody else bein' abeawt th' greaund till suddenly browt to a recollection o' things warldly bi sumb'dy co'in eawt "Neaw then theer, after yoa wi' that bit o' lond,"—it's delightful. Why to these men a bowling green's Paradise.

Ther's others of a less enthusiastic an' carelesser natur', who—though they may neaw an' agen get a gud un in, or a friendly "jive"—are as a rule oather " wide," "short," "o'er," or "off," and are continually labourin' under th' advice an' directions o' thoose 'at are steadier an' three or four stages further advanced. Gud temper an' jokes abeaund, and though yoa may at times cum across a bit of a tiff, it's nobbut like blowin' th' top off a new drawn pint.

Aw wer' bowlin' mi'sel i' a match o' Setterday, between th' Longsight Cricket Club an' th' Longsight Liberal Club, but if aw hadn't bin assured it *wer'* a Liberal Club aw shud ha' takken it for a Scotch Club, for nearly every other mon aw coom across wer' a Scotchman, an' to cap o, a travellin' "piper" wer' browt in to lend enchantment to tae scene. Aw con do a gud mony things to music, but bowlin' to th' bagpipes aw haven't bin eddycated up to. "Willestern" an' th' "Member for Everton Road," seem't to hav' some notion of indulgin' in th' "poetry of motion," but sumheaw didn't get into th' gradely swing. Whether it wer' th' yead or heels ut wer' at faut aw connut say.

Th' green like everythin' else belungin' to "politics" were a bit too mich one-sided for *me.—That's* why aw dar' say we lost, an' th' "member" tuk a cab whoam.

ON THINGS IN GENERAL.

"Man is but clay, and don't forget it—
Clay to remain you needs must *wet* it."

So sings th' "Chief Justice."

An' aw dar' say that's why so mony folk, bein' feart o' becoming fossilised, get ther systems weel soaked an' tempered i' gud time, so as to last 'em till *time* shall be no mooar.

But wot's become o'th "member" for Everton Road? Aw find upo' enquirin' after his health ut he's getten lost, an' a suitable reward has bin offered for his discovery or apprehension (an' return to his duties) bi his "Constituency." An' "Mestur Walk-in" wer' last seen strugglin' i' a state o' forgetfulness, wi' his countin' heawse duties under his arm i'stead of a church sarvice, into a Swinton tramcar. "Willestern" practisin' "Oh let us be joyful" for th' next pic-nic, an' "Joe o' Farn'oth," misel', an' "Mac Willy," met ha bin seen o' Setterday last drivin' thro' th' teawn an' heavy rain i' search of healthy repose on th' banks o' th' beautiful Irwell, at Radcliffe. Aw fancied wot it ud be if th' Tidal Navigation Company ud nobbut tak' th' sae up to it, an' build sum new docks. Its beautiful windings are seen to advantage fro' an eminence, an' its lovely vale o' ponds, bleach works, an' tall chimbleys, lend an additional charm to the eye—if not of an artist—of a mon of business an' futurist.

For th' teawn itsel' aw mun refer yoa to th' History of England or th' Lancashire Directory, but its worth a visit if ony to shake honds un tak' a steak wi' th' Missis o' th' Bull's Yed, one's so pleasant an' th' other's so gud. An' then to tak' her husband—as is a gentleman—up to th' subscription club an' green, an' lick him at whist (which lickin' Joe an' me inflicted on him an' MacWilly), it's delightful.

Setterday wurno a day that onybody ud a fancied for drivin', but what's a sope o' rain to a leet heart, gud bacco, an' a mackintosh? Neawt! It's refreshin', an' so we fund it, an' "Teddy," that's th' horse, seemt to enjy it, an' though his mestur, "MacWilly," had sum doubts as to whether he'd be able to pull us through or not, he behaved hissel like a gentleman, an' his conduct wer' sich that though he'd bin advertised for a new whoam he's likely to have a fresh lease granted on th' owd un.—An' he desarves it, though he isn't a high stepper.

Passin' by Heaton Park we met th' "gallant 24th" comin' eawt marchin' at ease, an' they didn't seem a bit uneasy abeawt it—why shud they? If they con stond agen an African sun an' Zulus why shud they be damped at a Lancashire sheawer an' short clays—though one or two of 'em had meaunted a cigar. We stud to order as they passed, an' tuk their chaff abeawt it bein' "splendid weather for young ducks" like Christians.

While takin' eawr ease at eawr inn, ther're three felleys coom in as ud bin a fishin', but they luked as mich like fish as fishers, for th' wayter were runnin' off 'em at every eend. When ax'd if they'd ketcht eawt, they sed they hadn't ketcht th' seet ov a fish yet, an' one sed "he'd had a couple o' runs." Not knowin' *angler*-Saxon, aw ax'd him if it wer to warm or dry hissel, same as lads dun after bathin'; an' he sed "Nawe, it were after a 'pike,' but he thowt it mun a bin a little un." Not as big as Rivi'ton pike aw sed. An' aw towd him ut he shud a baited wi' a donkey's nose, same as they dun at Delamere Forest, for that'll lond 'em if neawt else will. "Oh," ses th' owdest o'th lot, as had fished for forty year, "it's not as it used to be. Aw've seen th' time when aw used to steighl a few hairs eawt of a horse's tail an' twist 'em t'gether, then tee 'em at th' end of a bit o' twine wi' a bent pin an' a worm, an' they'd bite; but neaw—aw dunnot know heaw it is—yoa mun fish 'fly' or its no use, they seem't t' ha' getten mooar eddicated. Aw think t' skoo booard mun ha had summat to do wi't, for they're generally beaund t' meddle wheer they're not wanted." "Oh," ses one o'th' company, "yoa cudn't expect 'em to turn eawt sich a wet day as this is, they han mooar sense than that." This coe'd forth an order for overcoats as had bin dryin', an' they an' th' three jolly fishermen took ther leeave.

On eawr way back we honoured th' "Crumpsall Hotel" wi' a call, an' theer fund th' "Prince" an' retinue howdin high revel i' celebration o' ther coomin gatherins', social, musical, an' otherwise.

Restin' on Sunday, aw betuk misel' on Monday neet to St. Paul's at Swinton, to celebrate a Harvest Thanksgiving an' Dedication Sarvice, th' church bein' thirteen year owd that day. It wer nicely dressed up wi' grain, flowers, fruits an' roots, an' weel supported bi parsons, singers, trumpets, organ an' congregation, amung which th' treble element predominated. A splash o' rain—as 'as kept me sneezin' o day—two dead "mums," a "horehound," an' th' skeleton of a goose wer th' last aw saw on mi way to th' tram-car. As aw shanno see ony o' these folk for some time an' dunnot care wot they say'n, aw'll conclude wi a bit o' mi patent, parly voo frangsay, made i' Paris, the same bein'—*O rewire!—O rewire!*

CHIP TRIP.

Well, awm surprised misel', an' yo'n no 'cashion to wonder, for we never know to-morrow wheer we may be subsequently. Aw'm sure aw dunnot, so I generally mak' th' mooast use of to-day. Followin' up this line o' thowt, an' never thinkin' abeawt it an heaur or two befoor, aw fund misel'—for th' fust time i' mi life—i' Wales. And the inevitable result is, that for th' one hunderd an fust time (101) aw've getten notice to shift mi box an' tak' mi weshin elsewheer. But aw wur too tired to tak' mich *notice* ov eawt, so aw think it'll blow o'er just oncet agen.

Yoa see, aw thowt a sniff o' th' *briny* ud do me gud. If yoa ax why aw didn't tak' eaur Sarah wi' me, aw may tell yoa ut hoo's noan so weel, an' cudn't goo so fur. So aw had to sniff for two, which aw fund it took longer to do, though aw're nobbut away a few heaurs o'together. Aw'd a fellow delinquent too 'at wer i' th' sniffin' vein, so o' Setterday afternoon we set off to Liverpool wi' intent to sniff, but th' watery elements aboon prevented eaur gettin' ony nearer the watery elements beneath than Wayter-street, wheer we went into a big ship company's office, an' wrote whoam ut eaur return was unsartain as we'd made up eaur minds to goo to sae i' th' mornin'. I' fact sum o' these shippin fellys wanted us to go that neet i' a tender as wur gooin' eaut to meet th' Cythia comin' in fro' Ameriky. But we cudn't see that at o, so we went wi' Columbus to Land-id-i-no.

Ther 're just a nice lot gooin', not too thrung, an' plenty o' room to throw yoarsel's abeawt, which mi partner i' iniquity made th' mooast of. He wer i' gud sperrits, an' lively as a cricket; jumpin' abeawt i' imitation of a pantomime felly, till a reality set in, an' fur some minits he wer hung o'er the ship side, kickin' up his heels an' lukin fur porpoises! But he cum back wi' a step o' th' Heeland fling—smilin' an' thirsty—an' th' ony trouble he seem't t' have for a time after this wur that aw wudn't "goo an' do likewise." Aw strongly object to these exhibitions, but his example wer so irresistible that aw at last followed it, an' in a few minits wer mooar fit for a hearse than a hansom cab.

Reachin' Lland-id-i-no abeawt 12 o'clock, we mak' straight for Lester's "Prince of Wales" Hotel, wheer we tak' dinner, an' this place aw con recommend to onybody visitin' theer. It's gud, cleean, respectable, and moderate. Dinner o'er, we tak' a drive reawnd th' "Greight Orme's Head," fro' which we get fine views booath seawards and inland, an' which aw dar' say yoa know mooar abeawt than me.

Then we drive to "Conway," visitin' th' owd Castle an' teawn; gettin' back i' nice time to catch th' boat at half-past five; so yoa see awm not idle when aw get a-gooin'.

Ther's few, aw flatter mysel, cud ha' done mooar i' th' same time, an' it's worth onybody's while to try, that wants a pleasant change.

Yoa leeave Liverpool at nine i' th' mornin', gettin' back at nine at neet, i' time for train whoam, nine-thirty. Aw connut say mooar at present, as aw mean to goo agen (takkin' o risks, flittin' included). An as aw have to play i' a big cricket match to-morrow, wheer ther's likely to be some *splinters* fleein' abeawt, aw mun goo an' try to borrow a shoot of armour.

Results to follow—If aw survive!

A BUXTON EPISODE.

But *Fortune*—like a jade—will "shy"
Just when you least expect,
So did our steed, and thus our trap

A BUXTON EPISODE.

One sunny Sunday morn in May,
  In Eighteen-Ninety-Six;
Five frisky Buxton *invalids*
  Upon a drive did fix.

Their gallant steed—a four-year-old—
  Was to the chariot bound,
And one and all—including *me*—
  Were shipped in safe and sound.

Bright shone the "orb of day," the lark—
  Like us—was "on the wing;"
Off went our steed, two miles up hill
  Like—well, like anything!

His points the driver pointed out
  (His bad ones maybe not);
He was "for steadiness a gem,"
  "A 'daisy' at a trot."

But *Fortune*—like a jade—will "shy"
  Just when you least expect;
So did our steed—and thus our 'trap'
  A guileless stranger's wrecked.

The air grew thick with men and things,
  Flung wild on every side;
All well mixed up with stiff and strong
  Vernacular from Hyde.

A BUXTON EPISODE.

" Fotch a policemon ! "—"Aw'll not stur
   Fro' this here *blessed* spot
Till aw'm repaired, an' get the names
   Of aw this bloomin' lot."

So spake the chief of this *Hyde-bound* crew,
   As his wheels with ours stood locked;
And the forms and the terms of the men from Hyde
   The road completely blocked.

The " Bobby " came ! He was one of those
   Endowed with " a bit o' sense "—
And he urged a " friendly settlement "
   Would save us all expense.

So matters grew more tranquil, and
   The " Hyde chaps " more polite,
And some cash and stickin'-plaster
   Set matters fairly right.

Our steed returned at the sober pace
   Of a well-conducted hearse;
Whilst the strangers' gaily trotted off
   Not a single hair the worse.

When at the " Midland " safe and sound
   We landed, " pleased as Punch,"
We celebrated our escape
   With a *Thanksgiving* lunch.

And fun and harmless merriment
   Gave to the *feast a zest*;
Whilst jokes made at our own expense
   Scored fairly with the rest.

A BUXTON EPISODE.

To "Argentina" (that's the name
   Of our unlucky steed),
We sent our full forgiveness, and
   A full Thanksgiving feed.

But "Argentina"—ne'er again
   Shalt thou have chance to kick
One who loves ease and safety more
   Than broken bones!—R'Dick.

WI' TH' ORPHANS.

Aw witnessed a seet o' Setterday enoogh to mak' th' hardest heart that ever beat beneath a stony breast soften an' throb wi' joy—to those beawt heart this wayn't apply. An' aw wonder't heaw—even when th' cause is charity (an' that a whoam charity, i' which a great part o' this vast community owt to tak' sum interest), ther' wurno sum mooar theausands theer, tho' ther're a good sprinklin',—happen four theausand, to help on wi' ther humble shillin' a good an' noble cause— th' eddication of an' providin' for—if aw may be allowed th' expression—eaur mercantile orphans. Neaw, when we've a lot o' strangers here fro' Australia or Yorkshire playin' cricket, we goo i' eaur tens o' theausands, an' we pay eaur shillin' or haif-creawn beawt a murmur or a thowt as to wheer its gooin'. An' we sit uppo' a ham sandwich an' a bottle o' milk—stowed away i' the eend pocket o' one's cooat—for six heaurs, an' then feight eawr way through a steamin', crushin' creawd, an' a barrier for one abreast only to pass, an' get eawt happen wi' a brokken rib or watch-glass, an' goo limpin' whoam fagged an' weary, gloryin' i' th' fact o' havin' seen one o' th' wonderfullest ketches as wer ever ketched i' a cricket fielt.

Dunnot think ut awm speighkin disparagin'ly ov eaur crack cricketers—not aw, faith!—they desarve aw they getten, an' if aw cud aw'd help 'em to mooar. Wot aw want to get at is this: Why—when we have sich a match for sich an object, wi' two sich local clubs as Manchester an' Longsight—ther shud be sich a difficulty i' gettin' folk to patronise it? Th' weather cudn't a bin better to begin wi', nor mooar refreshin' to finish wi'—a thunder storm comin' on at th' close o' th' match. Th' cricket, if not as gud as we wished to see, turned eawt wur than we expected fro' a Longsight peignt o' view, Manchester winnin' easy through th' strength o' ther bowling department, which, for th' occasion might ha' bin letten deawn a bit just t' equalise things. But th' peawers that be know better than me, an' "club an' greaund's" a match for o that.

Style an' beauty were theer i' galore. Th' "Police Band," too, discoorsin lively music.—It should ha' bin "Queen's Bays," but as they were havin, some Sports to thersels, it were fund difficult for um—not to say impossible—to be at booath places at th' same time.

Th' childer fro' th' "Schools"—as they marched on to th' greaund, th' lads lukin' plump, healthy, an' hearty, an' th' lasses—i' ther garden-party frocks o' print—lukin' bonny, merry, an' smilin', were enoogh to recompense onybody for ther *mite*, an' ther time too, once in a way. As th' childer filed past me, aw felt a swellin' under th' left side o' mi waistcooat as rose up to mi 'een i' big drops o' crystal, un an inclination to rush amung 'em an' hug th' whole lot. But bein' a poor mon aw restrained misel'. an' drew harder at mi pipe.

This is th' thirteenth (1882) annual match 'at 'as bin played at Longsight for th' benefit o' th' "Warehousemen and Clerks," an' th' largest return yet made is £105, or guineas,— aw forget which—but awm pleased to say that th' committee hope bi this match to exceed that ameaunt. That, of cooarse, 'll tak' a few days to detarmine.

It's strange ut wheerever aw goo, sumb'dy like taks a fancy to me. Neaw, o' Setterday evenin', when th' match wer o'er an' aw're quietly thinkin' an' shelterin' fro' th' rain, a chap as aw'd never seen afoor sed as aw'd get'en "a gud ee—an' he'd like to give me a smack on th' nose, as it're ten year sin he'd had th' gloves on—an' he thowt aw wer' abeawt his weight. But (he said) he'd lay ten to one he cudn't, becose aw luked a likely chap to tap him fust—but he'd like to try—an' him 'at gets hit th' fust mun pay th' tother ten shillin'. Well, aw thanked him for his compliment, an' as *no* is th' hardest word i' my vocabulary, aw towd him ut aw're willin' he shud try, but if he'd be advised bi me—as a friend—he wudn't, as it 'ud ony be takin' his money fro' him, an' robbin' his *Sick an' Burial* ov a member. But he gud-humour'dly insisted on tryin' conclusions, an' a match wer' made for Monday, but no place fixed, an' *mi nose* is still on th' perpendickular, an' he may, for eawt aw know—or care—be lukin' *for it* at this minnit!

MI OWN SHARE.

TH' DIAMOND JUBILEE, A. D., 1897.

JUBILEE!—Aye.—O eends up.—Aw've jubilee'd, an' jubilee'd, an' *bin* jubilee'd; for every mon's entitled to a jubilee ov his own, legally, when he reaches five an' twenty. But aw're summut like th' chap i'th hansom-cab, 'at said—when th' bottom dropt eawt—'at he'd "just as lieve ha' walked, if it had'nt bin for'th style o'th thing." Ther're no moor to do made o'er mi fust jubilee than if aw're bein' short cooated, or cuttin' mi fust peggie,—or bein' weaned or summut. Nayther gratillities, gratulations nor any other sooart of gratification. Aw'm neaw busy workin' mi passage toards th' next. Aw'm a good way on th' road, an' if aw lond at Jubileeport safe, ther'll be a bit o' summut stirrin' *this* journey—if aw hav' 't' see to it o mysel'. It's happen just as weel 'at aw *wur'nt* greeted wi' festivities an' feigherworks when aw're five an' twenty! Fuss, fithers an' falderals tend 't' crane one's neck, especially abeawt that time o' one's life. An' aw donnot know but what aw felt as fit as needs be 't' weigh in for a share i' this grand celebration 'at we've bin celebratin', altho' mi own jubilee wur a fizzle.

Neaw—in respect o' size aw'm ready 't' admit 'at eaur Queen does'nt run into th' gigantic physically; but morally, an' politically, it's mi opinion ther's no livin' monarch fit 't' howd a candle to her—nor no deead 'ns nayther for that matter. Aw've seen her a time or two but never been introjuiced. Happen aw never shall! Aw dunnot know 'at aw partickilarly want, an' ther's ower mony abeawt her for th' likes ov a chap like me—'at does'nt like thrutchin' his sel' forrad—for't get th' ghost ov a chance. Besides—aw've no claim, any moor than abeawt a theawsand million have. But tho' aw've noather bin 't' Windsor nor Balmoral; nor Osborne nor Buckingham Pallis (never havin' bin invited) aw con' rejoice as heartily, an' as respectfully as th' loyallest o' her Majesty's subjects. For th' mooast respectful ov homage is due to one who has bin not only a model Queen but a pattern wife an' mother, an' not only that, but an' exemplary gro'mother an' greyt gro'mother an' a paragon among mothers-i'-law. An' so aw sing "God save th' Queen" wi' aw mi heart. An' aw should sing it still moor heartily—if aw'd weft.

Here,—i' this so ca'd Cottonopolis—ther wasn't mitch eautside display. Eawr City Keawncil—an' if theer's any Keawncil 'at con spend ther constituents' brass wi' a grander flourish than what eawrs con they desarven th' Victoria Cross—contented theirsels wi' constitutin' theirsels into a cabinet committee o' "ministers o' th' intayrior."—An' they breakfasted an' medalled (may they ne'er do any waur medallin'*) o'th' skoo-childer they could lay howd on. They only managed t' catch abeaut a hunderd an' ten theawsand (110,000) an' so, to make up wi', they trapt some four theawsand owd, ancient, aged bodies 'at 're none on 'um o'er a hundert nor less than sixty-five yer owd. These they feasted an' entertained to th' owd crathers' hearts' content. An' so determined wur this Keawncil of eawrs fort' see fair doos (an' a city Keawncil con be unanimous when it gets its patriotism touched) 'at they included th' deeaf, an' dumb, an' blynt—'an conscripted 'um, an' everybody else they could lay howd on

---

* R'Dick intends this for a joke!—ED.

at 're supposed t' be unable t' jubilate on their own hook. Bein' too owd for a skoo-lad an' not quite owd enoof for a *centurion* or a sexagenarian; an' not bein' dumb nor blynt—an' nobbut a bit hard o' yerrin'—an' not bein' otherwise qualified for a corporation jubilee guest, aw saught an extraneous meeans o' showin' my loyalty, an' piked off for John o' th' Birches o' th' Grove; as is a lineal descendant from a very ancient family. It 're here when William th' Conqueror coom o'er. It 're here when Julius Cæsar dropt in. An' if Nebuchadnezzar or Belshazzar or Brian Boru had co'd, they'd ha' foun' some o' John o' th' Birches ancestry rootin' abeawt. Th' family 're very weel off 'till they went into th' fruit trade—but that's gooin' very far back.—Well, heawever, aw foun' John o' th' Birches a whole Keawnty Kewncil in hissel, an' he wur prepared for to, (an' theer an' then did) wagonette me, an' a numerous gang o' friends an' acquaintances—includin' a driver as grand as th' Queen's coachman—an' wi a smile on him 'at lasted aw th' road fro' th' Birches to Disley an' back—to th' Ram's Yed at the Disley aforesaid.

On thro' Burnage an' Edgeley an' Stopport we went; an' everybody *ong fate,* as is French for halliday-fyin' i' ones' Sunday clooas.

> Th' streets alive wi' happy people.
> Flyin' *flags* fro' tower an' steeple.
> Inscriptions everywhere displayed—
> "*Hearts as loyal as they're made.*"
> An' o'er an' o'er again wur seen,—
> "God Save Victoria."—"Bless eawr Queen!"

an' such like. An'—well, aw these creawds o' folk an' flauntin' buntin' put eaur thurro-breds into what hossy folk ca'n a "lothery" condition, so we poo'd up at "Th' Blossoms" for a general calmin' deawn an' dust layin', (bipeds eligible).

It're Jubilee inside " Th' Blossoms " same as everywhere else. Th' Jubilee wur as penetratin' as th' reetch ov a thatch a' fire, an' everybody had oather t' ha' some Jubilee or goo whoam. There 're nob'dy i' " Th' Blossoms " 'at 're boun' for whoam, an' sarvin' a rush o' thirsty folk is no leet matter—'specially when its a Jubilee thirst. An'

> Th' bonniest *blossom* of that Inn
> Geet sadly mixt 'twixt " Scotch " an' " Gin."
> But honest looks are guarantee—
> " Aw'll trust yo'r honest looks "—said she.
> " Fair do's "—we said—" fair do's "—we paid,
> An' pacified the flustered maid.
> Who sweetly smiled away her tears,
> An'—off again we set—'mid cheers—

fro' a sma'—but representative section of the multitudinously jubilatin' Britt. : Pub. :—Disley-wards.—" Hooray ! "

Yes !—It 're Jubilee theer an' o. Yo' could as soon ha' getten eawt o' th' road o' th' poor-rates, or a chap wi' nobbut one tale t' tell—as this Jubilee—if yo'd wanted !—But nobody did seem t' want. Disley 're fair hummin' wi' it, like a bee-swarmin'—an' th' " Ram's Yed."—eawr *rondyvoo*—(eh dear, this French !)—wur ram, jam full on't. Th' lon'lord o' th' " Ram's Yed " 're that near off his own 'at aw felt sorry for him. An' it 're like gettin' a horse past a traction engine t' persuade him t' see after eawr lunch, 'at he'd had due notis on th' Kesmus previous—or thereabouts. But wi' tellin' him 'at we're his honoured guests, as well as or'nary payin' customers ; an' 'at " Britons never—never, never, never—shall be slaves," an' such like noble sentiments—cheerin' him up i' short—we managed t' make things look breeter an' " Quay-oss come again,"—as somebody says—didnt come.

When we filed into th' banquettin' ho' we 're a numerouser getherin' 'n what 'd bin look'd for, but aw th' better for

MI OWN SHARE.

that say aw, if ther's plenty to thwite at. An' if th' Ram's hurn 's a symbol o' plenty, th' Ram's Yed—as has two hurns—wur moor so. Yo'n read abeawt "a mon dilligent in his business!"—well, ther wur several 'at had 'a come under that yeddin' i' th' knife an' fork industry that day.

An' is'nt it sing'lar—when one comes to consider on it, 'at th' production ov a *Mumm* should set tungs agate o' wagglein' to th' extent as it does do?—If ther's any Mumm sturrin' ther's sure t' be plenty o' speechifyin'.—Th' fust t' brast off —after th' cloth 're drawn—'re John o' th' Birches o' th' Grove, 'at claims direct descent fro' th' "Grand owd Gardener," an' he proposed—T' QUEEN! an' may she be spared long to reign over us" et—settery, an' so forth. Which 're aw weel an' gud until he axed me t' respond, an' then aw begun a givin' o'er cryin'—"hear, hear!" Heawever—as aw're nicked in for it—an' as aw gener'lly come prepared for an extemporary remark or two, aw gav' in, an' this is, as near as aw con remember, what aw *think* aw said. —Aw said—" Mester Cheermon and Ladies an' Gentlemen. —Aw'm axed to respond to this toast bi one as has seen a bit moor o' th' " wo'ld we live in " than aw—an' th' mooast ov us here assembled—han seen. He's sail'd upon the vasty deep an' braved the briny billow.—He's landed in far off lands an' climbed in far off climes.—He's bin to Egypt! He's basked i' th' smiles ov Egypt's suns an' Egypt's smilin' crocodiles—or happen aw'm meeanin' *odalisques*, or summut. He's mounted th' quarter-decks ov her ancient " ships o' th' desert "—bi' which aw meean camels—an' scaled her antiquated pyramids, an' aw dunnot know what he's done beside—nor what he has'nt done. But aw do know 'at one 'ats o but circum-navigated th' globe might ha' foun' a pair o' moor important shoothers than mine to saddle wi' th' responsibility o' respondin' to sich an important tooast as this. But aw mun tew wi' it, as aw've often had t' tew wi' other matters afore—an' do my best wi' it. I'th' fust place— mi knowledge o' R'yalty fro' her Moast Gracious Majesty deawnwards 'd pack int'a very sma' compass, an' as for any acquaintance theerwi'—aw have none.—Th' fust time aw'd th' honour o' seein' her Majesty 're i' eighteen-fifty-two,— that's not yesterday — when, along wi' abeawt sixty theawsand other young shoots—chiefly o' th' Sunday skoo' persuasion, aw joined i' welcomin' her to this eawr busy, smooky section o' th' United Kingdom. An' tho' hoo's seen mony a stirrin' and interestin' seet, aw dunnot think—tho' mi own share wur'nt visible to th' naked 'ee—'at hoo's ever seen quite sich another seet as that i'th' Peel Park, Sawfort.—An' when o' th' sixty theawsand on us seet off—at a given signal—wi' "God Save th' Queen" —Eh! What? Yo' should just ha' yerd th' racket we made.

An' th' Queen 're touched. Mi own impressions are a bit hazy, seein' 'at it's five an' forty yer sin', but aw've yerd as mitch to that effect. Theer's as mitch human natur' to th' cubic inch, i' r'yal buzzums as theer is in an or'nary mortal's. An' when us young uns seed a rale, live Queen,—and not a twopenny-hawpenny un noather—affected to tears, we took th' bit i' eawr teeth, as aw may say.—We dropt th' Nation'l Anthem an' took up th' Nation'l Hooray!—And we wanted no leeader's baton for *that*!

We con o sing Hooray. Bi instinct. It's hereditary in an Englishman's constitution, same as wooden-legs 'll run i' a family; or red-toppins; or a partic'lar brand o' politics will.

An' that 're a jubilee day an' o. It 're *St. Paul's Sunday Skoo'* jubilee. —— —— Aw've mi commemorative medal, wi' its bit o' blue ribbin, i' mi possession yet. It's as breet as when it 're stamped—an' a deeal moor precious. Well,—aw've come across her most gracious-ship a twothrey times sin' then, an' though aw connot say 'at hoo's shown any interest in me personally, it is'nt happen her fault any mooar than mine, an' awm not gooin' t' grumble. Aw've nothin' but good to say abeawt her, even if aw wanted t' say different—which aw dunnot. Theer 're some i' eawr midst 'at are a bit deawn at bein' left eawt o' th' list o' jubilee honours—but that does'nt trouble any of us.—We're amung th' millions who—to-day—are rejoicin' disinterestedly, an' 'at hav'nt any " axes to grind." An' we're no kin to that shoddy stuff at's i'th' sulks—(an insignificant crew when millions o' loyal hearts are swellin' wi' patriotism, wi' love for owd England an' our venerable Ruler) sulkin' because ther dynamitin' friends ha' not bin set free t' work fur' mischief.—They'd ha' bin pleeast aw dar say—tho' aw would'nt stake much on ther gratitude—t' hav' had th' chance o' hawkin' um abeawt th' country—like doncin' bears—an' showin' um off as martyrs—*nice soart o' martyrs*!—an then tryin' t' run um for " Hem Pees." My advice, an' yo'rs too, to sich 'd be—" howd on a bit ! "

THE QUEEN !—Durin' her reign (an' i' th' time o' moost o' thoos here assembled), heaw wonderful has bin th' spread of eddycation an' consequently o' general enleetenment. Th' time wur when eawr parents paid ther tuppences a'wick (or a bit moor if they could affoard it) for eawr skooin'—neaw eawr childer con be towt—in a manner o' speykin'—for nowt. An' sich eddycation !—Why, eawr ten-yer-owds are awlus lettin' us see what num-yeds their feythers are. Compared wi' th' present, th' skooin' 'at we had t' be contented wi' is like " stone pop " is to Mumm or Moet an' Chandon. But aw think th' yung uns are noan th' worse for th' owd fashioned parental seawse i' th' yer hole 'at they still meet'n wi' occasionally. It keeps 'um fro' bein' too uppish an' thinkin' us owd uns ignoramuses.—A little bit, any road.

The Queen!—At th' time ov Her Majesty's creawnation, beef was at a premium an' sheep's-yeds a luxury. Australian mutton, i' thoose days, would ha' bin a godsend. Neaw, everybody can get his bit o' mutton or beef, an' sheep's-yeds are no lunger an article o' food amung civilized communities. Even th' poor crayters i' th' "Castles o' Indigence" 'll turn up ther noses at frozzen meight. They'd hardly ha' done that i' th' days when Frost, Williams and Jones wur uppo' th' rampage.

At th' commencement o' this glorious an' long continued reign, six-an'-eightpence a peawnd 're not an eawt o' th' way price for a peawnd o' tay;—neaw yo' con get three or four peawnds for th' same ameawnt, wi' one o' "Creeam an' Calimanco's" caddys or taepots, or a chist o' drawers chuck't in.

Well!—tho' aw've no wish t' run "owd times" deawn, aw con assure yo'—th' younger eend ov her Majesty's loyal subjects here present—'at these same "owd times" are just as weel eawt o' th' road, an' 'at yo' may be thankful 'at yo' didn't start off any earlier i' th' century.

The Queen!—O'er who's dominions th' sun is awlus shinin', oather here or somewhere else. What is th' signification of o these representative troops an' big-wigs troopin' in fro' o th' four continents o' th' wo'ld—includin' Owdham an' Chequerbent—to attend at this her grand celebration?— Fro' Canada—gettin' on toards th' North Pow. Fro' Afriky— o th' cardinal peignts o' that mighty continent—an' fro' th' Antipodes. Fro' Australia, Tasmania, an' New Zealand.—

An' fro' th' Indies East an' West.—Rajahs an' Princes, an' Colonial Governors, Premiers, an' other cockolorums—as th' auctioneer says—" too numerous to partickilarize." An' feightin'-men ov o' th' colours o' th' rainbow as aw may say. Is it alone to swell th' grandeur o' th' Jubilee procession? Is it for empty pomp an' idle show?—It is'nt a vain an' foolish echo 'at replies—"NOWT O' TH' SOART!"

This getherin is a peeace-ful but significant indication, to aw whom it may consarn, 'at her colonies an' dependencies are on th' friendliest footin' wi' th' mother country, an' 'at anybody 'at meddles wi' Owd England 'll have to keep a sharp eawtlook to'ards o' th' peignts o' th' compass—an' they'll happen not be sharp enoof at after o. Why—this consolidation o' th' dependencies an' independencies 'ats goin' on is a work grand enoof ov itsel to make eawr Queen's reign unique. But see what a deeal ther' is beside. Few i' th' world's hist'ry have governed lunger; fewer so considerately, noan better noar mooar wisely than hoo has. An' th' moral an' material advancement ov her subjects has bin i' proportion. As to th' railroads, an' th' telegraphs, an' other wonderful discoveries an' inventions—well aw'm just gooin' t' lump um t'gether in a lump. Life's too short to deeal wi' um i' "*extenso*"—as our ward representative says.

An' neaw Mester Cheerman an' Ladies an' Gentlemen — Aw've done mi best wi' this tooast—an' if aw'd bin a gifted orator or an angel fro' glory, aw could'nt do moor. It's a big job for th' cleverest (let alone R'Dick) to tackle, so aw'll just reawnd off wi' a bit ov an annikdote 'at 're weel known i' mi gron-fayther's days. Its no partickilar application to anythin' i' partickilar, an' aw hope yo'll aw, *includin' eawr worthy cheermon*, look on it i' that leet.

A chap 'at had ta'en a fancy to some communion plate—besides wantin' to see if ther 're any curios i' th' shape o' gallows-buttons i' th' offertory,—wur interrupted just at th' moast interestin' point ov his researches, so he shinned off up int' th' belfry eawt o' th' road. Th' only meeans o' gettin' theer 're bi a ladder; but this connisoor had hardly getten' safe up int' his " Tower o' Refuge " when th' ladder 're shifted. It 're a handy-sized ladder an' 're often gettin' borrowed. An' it 're as bad as a numbrell' for not findin' th' road whoam. Well, this visitor waited, an' waited. An' then he waited a while longer—but no ladder hove i' seet. So he settled it in his mind 'at it 're oather stoppin' an' clemmin' in a draughty belfry, or else riskin' his neck bi slitherin deawn th' bell-rope. Well,—th' subjood eawtcry ov his stummick 'at last prevailed, an' deawn he went hond o'er fist. Neaw, if yo' poo' at a pig's tail twenty to one it'll squeal, an' it is'nt likely 'at a church bell 'll howd it's din wi' o'er a hundred-weight ov a wrigglin' sacriligious church-breaker danglin' fro' it—an this did'nt.— It kept on jowlin', an' yowlin', an' towlin' 'till th' church-breaker geet to th' bottom, bi which time there 're a deppytation waitin' t' interview him. An' when they'd interviewed him they invited him t' partake o' sich hospitality as they 're able t' offer him i' ther country lockups.

But afore th' procession started he looked up into th' belfry an' he shook his fist (*a thissens, meester cheermon*) at that bell, an' he co'd eawt too it.—" Confound thee!—*Theaw's* letten me in for this!—If it hadn't bin for that *lung tung o' thine* aw shudden't ha' had t' respond—aw meean aw should ha' getten off scot free an' unnoticed."—Hem!

An' at this peignt aw finished up wi a soart ov a benediction, an' th' company sung th National Anthem.

Noty Beano.—John o'th Birches o'th Grove—as is th'

descendant ov a fust family—complimented me privately up o'th road awd escaped mi difficulties. But he said he did'nt see what th' church bell had t' do wi th' Queen's health or th' jubilee. Aw said aw wurn't very clear abeawt it mysel.—Aw did'nt think 'at it had much.—Aw towd him at when speakin' extemporarily one 're sometimes apt fort' knock one's shins (mettyphorically) against th' figgerative wheelbarrow o'th inappropriate an' th' irrelevant. An' eawr worthy cheermon said " Jusso, jusso, jusso! " An' th' foregooin' is as near as aw con remember what aw *think* aw said.

Well, so finished mi share o' " th' Diamond Jubilee," which 're a " red letter day " booath for me an' o on us, for we landed back at th' " Birches " th' reet end up, an' after a hospitable *doch an dorras* wi' eawr genial host, aw soon foun' mysel' comfortably seated i' mi own ingle nook, an' eawr Sarah axin' me if aw'd—" had a pleasant day ? " Aw wur able t' answer her truthfully i' th' affirmative.—" An' did you notis th' fireworks on your road whoam ? "—hoo said.—After a bit o' considerin' aw risked an affirmative to this question as weel.

It seems hoo'd been lookin' eawt an' seen um, so ther *wur* fireworks, an' consequently—*aw must ha' seem um too!*

A GLEEFUL PIC-NIC.

Aw've bin livin sometime neaw like a feightin' cock, an awm gettin feort if aw dunnot awter soon, aw'st be deein' like one, for awm as sore just now as if aw'd bin punced up an' deawn a brickcroft. Whether aw've getten a bit o' cowd or not, through bein' so hot, aw connot tell—but aw went yesterday wi' a singin' club pic-nic, an' afore aw geet back, aw'd bin booath roasted and boiled, an' at one time it looked as if aw wur gooin' to be dreawned; but as yoa'll happen like to know abeaut my gooins on i' these parts, aw'll tell yoa,—what took place, who wur theer, what they did, an' th' rest on't.

Well, yoa see, ther 're a singin' club formed i' eaur parish coed th' "Gentleman's Glee Club," an' from what aw've yerd, ther 're some good stuff amung 'em, ut only wanted a bit o' time to fetch eaut. Well, like other sorts o' clubs, they mun have a pic-nic, an' a gradely pic-nic, so they arranged to goo to Disley, an' as aw happened to know two or three o'th' members, aw wur axed if aw'd goo wi' em, an' aw said aw wud, un aw'd tak' "eaur Sarah," too; so aw geet a couple o' tickets, for which aw paid 10s. 6d. a-piece—aw did for sure—it wur a lot o' money, but theer wur a lot for it. Well, accordin' to th' program (as is a word aw larned to spell eawt o'th' *City News*,) we met at th' station, an' aw wur put into a carriage ut fair tuk my breeath away, it wur so grand; aw never seed such a thing afore,—Sarah said hoo could like to live in it. It wur nearly as lung as eaur street, wi' seeats aw round it, ut when you sat on 'em jumped yoa up again, an' not bein used to sich like movements, aw had to stand o th' way. Th' floor wur lined wi' carpet, wi' tothrey figures on like th' tail side ov a hawpenny, uppo' which a little chap wi' a snuff box i' his hond, ud keep dancin' an singin' eaut, "Rule Britannia."—An' yoa could walk fro' one end to th' tother.

Well, when we geet to th' fur end we wur walked straight off to th' hotel, an' after we'd "lickered" up, to th' bowlin green, to bowl for a box o' cigars. Well, aw thowt aw wur in for a good thing, an' gan th' first chap aw met a "clean plate," un ud started vary weel wi' th' second when "John o' Clarence" began o' tummin' on his banjo, which browt on an attack o' th' Vitus's dance directly—an' music affects me—an' aw wur wide-narrowed-short-an'-off i' no time, an' beaten easily.

"Well, th' dinner wur reet enough in its way, but thur wur too much waitin', and too few waiters, but ther wur some o' th' guests when they did get a-gooing', laid ther ears back and went at it i' aw'm-just-i'-fettle-an'-aw-mean-to-do-it sort o' fashion. Well, dinner o'er, we wur marched on to th' lawn to have eaur pictur drawn—o in a cluster—un it owt to be a nice un, for ther wur lots o' colour, booath i' clooas an' face, for owd Sol ud getten his fiery een fixed straight on us, un wur welly burnin holes into us.—That's th' time aw wur roastin. Aw've not getten a pictur yet, but if it's a good un, an' aw con get th' photographer to put me an extra one in cheap, aw'll send it to th' "Art Gallery" an' so yoa'll aw see whot soart of a lot we are. Yo'll see "Mat o' Margit's" an' me hangin abeaut eaur Sarah; an' ther 're one chap stood i' th' front (summat like ut aw've yerd ut Ajax stood when he're defyin th' "Electric Tallygraft," only he'd a short pipe in his mouth), ut wur very anxious ut he should be ta'en smilin—aw hope he is! Aw thowt aw'd be ta'en squintin, for aw'd stared so hard at nowt, that it tuk me some time to get my een to a gradely focus agen.

When that wur o'er, an' we'd had a bit o' singin', which wur conducted by—aw thowt aw yerd somebody say—a "Walsh"-man, we started for a stroll through Lyme Park. But we didn't goo through; we were content just to get in; it wur too hot for much hill-climbin. Well! sich laughin an sheautin as ther wur. It wur like a skoo brokken up for th' holidays. Ther 're lots o' things ut aw could tell abeaut, but aw don't like puttin too much on papper, there's no tellin who might get vext. "George o' Brunswick," wi' Mrs.———, and a few others not so active on their pins, would be carried to th' park. So they coom drivin up in a carriage an' pair. When we'd getten to a nice place, we spread eaursels eaut uppo' th' grass, an', accordin' to program, prepared for refreshments, which coom i'th' shape o' champagne, lemonade, an' sodawayter, o mixed together in a big jug—an' rare an' nice takkin it wur too; an' what wur moor, thur wur plenty on it. Aw wur stood wonderin' wheer it coom fro', and what they'd be to pay. Aw axt "Harry o' Warwick," who wur buttling reaund, if he'd oblige me wi' a drink, for aw wur as dry as a limeburner's clog. But ther 're somebody ut said ut it wur a shame, that th' driver owt to be attended to th' fust, for he'd had a hard drive ov a mile and a half, whereas aw'd walked, an' mought wait a bit. Of course, that wur nowt but reet. Aw'm always oppen for a reet turn.

Well, after we'd getten refreshed, an' wur agate o' singin' an' dancin', ther wur a bit of a shower come on (that wur when aw thowt aw wur gooin to be dreawned), an' as eaur Sarah had getten her Sunday hat on, an' no umbrell', aw wanted her an' another or two i'th same fix to get into th' carriage, but ther 're another felly theer ut didn't. It isn't everybody ut taks to larnin kindly, an' his eddication i'th' ettyketical department had evidently been neglected. But if aw'd had my clogs on aw should ha' bin tempted—for charity's sake—to ha' gan him a lesson ut would, aw hope, ha' made a lastin' impression. Well, eaur Sarah went off an' left me theer. An'—neaw this is confidential—aw saw under one umbrell four yeds, equally assorted, male an' female, an' aw thowt ut aw yerd summat ut seaunded vary much like what moost folks are fond on, as weel as me, an' aw thowt aw owt to have share. An' for o two on 'em wur "Dundreery" fellys, un ud getten a fair start, aw wurno so fur beheend at th' finish. Well, after we'd had some more "phiz," we started off i' a stragglin' fashion for back again, "John o' Clarence," trimmin on his banjo, an' th' "Walsh"-man scrapin on his fiddle, leadin us up to a "march," but they wur th' only two ut could march to it, an' they did it i' regular wanderin' minstrel style. Tothers could do nowt for laughin' at 'em. Aw welly brast mysel, for aw never seed two better-lookin' "buskers" i' my life. They met ha' bin to th' "manner born." It wur a pictur good enough for *Punch*.

Abeaut this time, aw'm sorry to say, one o'th' party wur takken a bit poorly; he're but a delicate lookin' sort of a chap, and as some o'th' "sham" had to be carried back again, he'd getten o'erweighted, an' his legs wur wackerin', an' just abeaut givin' way awtogether, when he spied a wayter trough bi' th' road side, an' he dashed into it yed first, which steadied him directly, an' browt him up again smilin'.—Just then—o at once, an' if by magic—aw fund mysel whipped up an' dropped into th' carriage an' pair, which had come back for some on 'em; an' howdin' on to Mrs. B——— to keep me fro' fo'in out, an' her howdin on to me for th' same reason, while opposite wur Mr. W——— doing ditto wi' Mrs. "Aw-dun-no-her-name," who seemed to like very much that way o' doin things, an' showed her satisfaction by flourishin' a white hankercher, which sometimes leet uppo' "Harry o' Warwick's" face (as wur sat i'th' corner, aperiently wonderin' what to mak on it o)—an' sometimes lapt round "Mat o' Margit's" neck, as wur stood on th' step behind, actin' as guard, un seein' ut nowt wrong should happen us; while "John o' Morris" wur stuck uppo' th' "dickey," tryin' to keep the driver fro' fo'in t' pieces wi' laughin' at us. Aw thowt once or twice ut th' horses knew some manks wur gooin on, for they pricked their ears, an' pranced an' danced like good uns.

Well, we geet landed back at th' hotel aw safe an' seaund, but very hot an' *very dry;* an' after havin a quencher at th' bar, aw went on to th' lawn, wheer they're lot o' Liberals fro' Hulme bein' fixed for drawin', so aw thowt as aw'd bin "Liberal" aw day, aw met as weel finish it by presentin' these folk wi' my likeness, which aw did, an' aw hope they'll feel proud on't—it isn't every club can boast such *presence*.

Well, then, aw thowt aw'd goo an' throw a quoit or two, but seein' somebody theer deeply interested in a game, aw changed my mind, an' let 'em have it to thersels, an' went off to my tay, which wur much summat same as th' dinner—plenty on it, but hard to get to it. Well, it wur here that th' only hitch o'th' day wur made known. It appears ut one o'th' women had left her dress ring uppo' th' dressing table, an' another woman said she yerd some other woman say as much, an' even saw another woman pick it up an' put it on her finger; but as this woman wur never seen again, an her indentification seemt so very doubtful, aw'm inclined to think, wi' o due respect to th' loser, that th' ring never wur left theer at o, but met a bin dropt somewheer else, unknown to hersel. Aw could a'most pledge my life, judgin fro' their appearance, that ther wur not one i' o that company ut would be guilty o' doin such a meean an' shabby thing—an', as aw don't suspect, aw connot believe.

Aw wur very near gettin into a similar hobble mysel, for aw wur comin through th' garden wi' Mrs.———, an' we wur just talkin' abeaut this ring, an' stopt to admire a baum and parsley bed, when hoo stooped for summat or other, an' when hoo geet up again hoo said hoo'd lost a shillin'; hoo wur sure their Tum had given her *three* shillin' an' now hoo'd only *two*, an nobody had bin in her company only me. Well, aw'd a cluster o' women reaund me directly, an' aw protested ut aw wur innocent. un offered to let 'em *search me*, but they wouldno' do (un aw wurno' gooin to goo rummagin abeaut a parsley bed for a shillin'), but they geet me pinned into a corner of a wooden hut an' said they'd have it eaut o' me i' singin' and sing aw had to do, an' everybody ut knows me, knows what a poor stick aw am at it. But what could aw do? aw couldn't stir; thur wur arms o reaund me, an' eaur Sarah none so far off, but not i' seet, or aw met ha' yerd moor on it at after; so aw made th' best o'th' job, an brasted off i' my own way—they helpin' me eaut wi' th' chorus.

Well, it beginnin' to rain again, we had to mak into th' heause, an' we went on singin' an' dancin' an' spoutin', till it wur time to leave for th' station, an' when we'd getten into th' "saloon" we started again. Some o'th party had getten a bottle or two planted aw reet, an' them an' th' "Watchman's" cigars helped us on th' road beautifully. An' whot wi drinkin' an smokin' an' dancin' an gettin rain'd on, aw hadn't a dry rag on me—it wur then aw wur bein boiled. But tak it awtogether, aw never had a merrier or a pleasanter day i' my life. Everybody seemed to be tryin' to mak everybody else comfortable, an' when things are that way, it maks things o reaund pleasant. Aw hope th' same lot may live to spend many moor such days, an' ut aw may live un be thowt worthy to receive their kind invitations, an' if aw con aw'll get one thrown in for eaur Sarah, depend on't.

P.S.—Aw yerd 'em sing—

"Just before the wedding, mother,"—"So early in the morning."

"The Chinaman, and his monkey nose,"—his swarthy face adorning.

"Come foresters sound the cheerful horn," for "Maggie," and "Nancy Lee."

But the "Maid of Athens" and "The good Rhine wine" 're th' two best songs for me.

"Life's a bumper,"—"Spring's delights,"—"Sound the cheerful strain."

"Going down to Brighton," and "I'll start by the morning train.'

"Strike the lyre," and others, to think o' which does my poor brain bewilder.

For "Sal" just neaw is crying eaut, "Come mind thoose bits o' childer."

AT THE BOXING CLUB.

"Aw thowt—Well! this soart o' thing isn't so bad as some folk 'ud mak us believe."—*R'Dick*.

AT TH' BOXING CLUB.

"Genelmen, this is 'Funny Cook,' of Birmingham, open to fight any man in the world at 8st. 10, for 25 or 30 pound aside; and this, gentlemen, is 'Tom Sliff,' of Manchester, open to fight any man at 8st. 8. Now, boys, shake hands, speak not a word, do your best; and, genelmen, when you see anything striking encourage 'em with a clap—Time!"—wer' th' words 'at struck my ear on presentin' mysel' at th' Manchester Boxin' Club, on Friday last, when th' gentlemanly instructor of th' "noble art" to th' club wur takkin a benefit.

Ther' wur a goodly muster o' daycent-lookin' folk theer, an' aw hope it'll do him moor good than o th' benefits aw've had, which ha' bin principally gan mi bi my relashuns. Well, these two set to, an' had a rare do too, fibbin' away at one another i' grand style, which met wi' great encouragement fro' th' lookers on. This wer' followed up bi' two quare-lookin' chaps, browt fro' Ashton Road, to show us heaw hospital cases wer' made—bi tryin' to put each other's necks eawt. As lung as aw've lived aw never seed eawt o'th' sooart befoor, an' aw dunno want to see eawt o'th' sooart agen. It's brutal, an' they co it Lancashire wrestling.†

Sergeant-major Haigh, who, aw're towd, is one of th'—if not *the* best swordsman i'th' kingdom—went through th' lance exercise wi' a member o'th' club as favvored "Jack o' Club's," an' which to my thinkin' wer' very neatly done. He then introdooced sum clever sword feats, amung 'em bein' one ov cuttin' a apple i' two on th' back ov a chap's neck beawt

---

† Lancashire wrestling is good fun nevertheless.—ED.

takkin' th' chap's yead off; an' then he an' a corporal o' Dragoons showed us heaw French M.P.'s an' "yedhitters" settle ther luv an' other differences wi' swords—a very nice display, an' i' which th' sergeant gained th' mooast hits. Th' corporal an' another sergeant o' Dragoons had a go at one another wi' sticks, an' sum rare whacks they geet—it seaunded like byetten carpets.

A lungish wait comin' on, aw wur axed by Will Andy's son if aw'd like to put up my "dooks," but aw towd him 'at th' last "dook" aw put up wer' one fro' Leicester, an' he wur put up to "Batchelor Jimmy," an' "Jimmy" floored him directly.—"Wot are yoa tawkin abeawt?"—he ses, "Aw meean will yoa put yoar honds up?—have th' gloves on?"— "Not me!"—aw sed,—"If yoa'n eawt agen me we mun settle it sum other road. Aw met be hurtin' sum'dy or sum'dy met be hurtin' me; awm quite near enoogh feightin' to be comfortable. If Jimmy were here he'd want to be in at it—but not me—he con do enoogh fur booath on us."

Other exhibishuns within th' "magic circle" wer' given by well-known illustrators, which met wi' loud applause, an' th' "wind-up" wer announced i' a funny speech by "Funny Cook," i' which ther wer a gud deol about Alf Greenfielt, "Brokken Arm," an' "Birmingham"—abeaut which nob'dy seemt to care mich. Between "Bob, th' fishmonger," o' Wakefield, an' Mestur Stockton, ther're a very lively affair, th' "Mestur" doancin' o reaund th' shop wi' his feet, an' o reaund "Bob" wi' his fists, which "Bob" tuk i' gud part— tho' he seemt neaw an' agen a bit surprised.

When o wer o'er aw seed oth' lot hob-nobbin' together o'er a "glass" as if neawt wrung had happent, an' aw thowt, "Well, this sooart o' thing isn't so bad as sum folk ud mak' us believe," an' aw went whoam full o' feighten' an' determined to settle sum o' my differences that road. But aw had to " wind up " wi' " eaur Sarah " on th' top step at eaur front dur—an' hoo rated me seaundly fur gooin' to sich places an' keepin' sich heaurs. Aw'd bin to th' Club at after!—Aw axed her t' " shake honds an' say not a word,"—but hoo sheauted eawt louder than ever, " Time !"

OWD FRIENDS.

Set to Music by James Batchelder.

What ails thee owd lad? th'art noan lukin weel,
   An' tha sluthers along i' thi shoon,
Hast' getten toothwarch? or a boil on thi neck?
   Or maybe tha wants a new moon.
Come, straighten thi face, an' howd up thi yed,
   As if thee an' o'th' world wur good friends!
There's nowt for a mon ut goes crawlin' alung,
   Wi' a look 'at ne'er borrows nor lends.

    So come inside an' warm thi shins,
      Matty 'll sing us a sung,
    An' we'll have a crack o'er th' marlocks we play'd,
      When thee an' me wur yung.

Neaw, Betty lass, fotch us a mug o' whoam brew'd,
   An' Sam, draw that cheer into th' nook,
Then doff thi topcooat an' hang up thi hat,
   An' keawer thee deawn fur a smook.
Aye!—Neaw tha looks better, owd brid—here's gud luck?
   May tha never want beef, bread, nor beer,
But awlus enough, aye! an' plenty to spare
   For thoose ut are short o' good cheer.

    So warm thi shins on th' fender, lad,
      Matty 'll sing us a sung,
    An' we'll have a crack o'er th' marlocks we play'd,
      When thee an' me wur yung.

OWD FRIENDS.

Grumblers an' fratchers, an' mealy-mouthed folk,
   We're boun' for to meet—to a mon,
But for th' gradely ill-off, or a mate i' distress,
   Just fettle um up if you con.
We've foughten eawr way when feightin wur hard,
   An' trips to th' saeside wur unknown,
An' we've wrostled wi' trouble aboon eawr fair share,
   An' nobbut, lad, just held eawr own.

   So come, sup up, another we'll have,
      As Matty is singin' her sung,
   An' just one more crack o'er th' marlocks we play'd,
      When thee an' me wur yung.

FISHIN'.—I.

Aw've bin a fishin'—fishin' mind yoa. Foak at reckon to know me better than aw know misel ud never gie me credit for indulgin' i' so lively an' patient-like a sport, but,—'be ye not deceived,'—piscatorial art's the word. None o' yoar floatin' abeawt in a boat, danglin' yoar lines o'er th' edge an' jokin' an' jawin' abeawt everythin' but wot yoa owt to be t' mooast intent on ; nor spreadin' yoarsel eawt on th' ridge of a pit, smookin' yoarsel to sleep an' leeavin yoar rod rommed into th' pit side to luk after its sel ; but gradely up to th' knee i' mid stream, six o'clock i'th' mornin fishin.'—Yoa dunnot believe ut ever aw did it. Well, just wait a bit, an' listen.

Mi yead quarters wer th' Spread Eagle Hotel at Sawley, near Chatburn, as is kept bi Missus Ann Bleazard, an' attended to an' waited on bi some Misses Bleazard of a younger an' stouter growth, an' onybody ut's boarded theer for a week or a day, an' con find room for a grumble oather at th' treatment, or fare, owt to be takken reet away an' cast into th' Ribble to mak greawnd bait on. Th' company aw met theer wer o'th' reet sooart, amung em bein' "Storm" and "Batter" as had gone a few days afoor an had prepared me a reception bi londin a gud dish o' trout, intended to gie me a fishy treat. But sum'dy else wer tae'n for me, an' they tuk th' fish—every fin of um.

An' "Baldy!"—"Baldy's" name wur not gi'en him through ony deficiency on his scalp, but wur one ut had bin honded deawn ancestrally fro' generation to generation until he geet howd on't, an' theer's every probability of his hondin it deawn fur. A mon weel to know an—as "Storm" thinks, one as ought to a bin a horse-soger or a field-marshall, but "Baldy" thinks different, which is one reason why he isn't. An' then ther're "Uncle,"—a jolly owd brid; a big farmer, and a bigger authority on shootin, huntin, th' age o' trees, an' on fishin'. He's one whose decision is final an' conclusive i' ony case of appeal on eawt appertainin' to ony o' thoose questions for miles reaund, an' aw hadn't bin theer mony minutes afoor aw had occasion to test boath his veracity an' his judgment.

Aw deawt at sum o' my piscatorial friends 'll still believe i' spite o' what aw say at wot awm abeawt to tell 'em isn't a fact. Th' day aw geet theer, after lukin after th' inner mon, as is my invariable rule, a stroll wer proposed. An' th' hotel bein' upo' th' margin o'th' Ribble, which just neaw flows on its windin' way as clear as crystal, an' wheer—as we walked alung its banks—th' lively trout wur seen jumpin' fro' its depths sparklin' an' glitterin' i'th' rays o'th' settin' sun, an' then flappin' deawn agen wi' a splash ut formed a series o' watery, fairy-like rings, no wonder eaur conversation shud turn on fishin' an' th' baskets an' th' weights that had bin ta'en here at different times. An' aw wur assured that not lung sin, eawt o' that river, a mon wi' a single hair line londed a salmon weighin' twenty-eight peaunds. By wot manner o' manipulation this wur accomplished, or heaw lung it tuk, history sayeth not up to th' present time, an' doesn't show ony signs. "Uncle" ses its true, an' he could introduce me to th' fishermon,—but awm satisfied as it is.

Here's another un at wants a pinch or two o' saut to it. Aw werno theer at th' time it happened, but aw wur th' day after, an' that's near enoof for a fish story.—"Storm" an' "Batter" wer eawt fly fishin; at leeast "Storm" wur fishin' an' "Batter" wur superintendin' (for he hasn't repose enoogh i' his composition to howd a rod i' his fist for five minnits runnin'), when o at once "Storm" coe's eawt, "Howd on theer, 'Batter;' keep back a bit; aw see th' yead of a woppin' salmon peepin' eawt here." "Wheer," ses "Batter," "let's have a luk at him?" "Why theer, just agen that big stwon; if thae lies deawn an' luks o'er thae connut miss seein' it."— "O reet! thee keep still," whispered "Batter," lyin' gently deawn an' peerin' o'er th' edge o'th' stream. "Aye, aw see him, an' a fine un he is too; aw meean gooin for that beggar." Quietly drawin' eawt his pocket-knife an' openin' th' dagger blade, he made a stab, an' buried it up to th' haft i'th' fish's shoothers. Then thinkin' he'd getten it securely fast, begun liftin' it up, but th' fish, wi' a wriggle of its tail, twisted itsel eawt o' "Batter's" hond, an' went scutterin' away, leavin' a trail o' blud beheend it. "Batter," not to be outdone, an' makkin' sure at no fish cud live lung wi' a gash like that i' its body, ran to get a table fork, an' teein' it on th' eend of a stick, he an' "Storm" sets off i' hot pursuit. His salmon-ship wur easily traced to his lair bi th' purple guide lines, an' "Storm," as bein' th' mooast experienced o'th' two, wur entrusted wi' th' fork to administer th' finishin' stroke, which he at once proceeded to do by proddin' his extemporary salmon-spear into th' sma' o'th' fish's back,—that is to say what sma' o'th' back a fish has. But th' operation wur a failure, for, on drawin' up, th' stick wur aw at come; an' that sixteen or eighteen or happen twenty peawnd salmon wi' th' aforesaid fork stickin' i' th' aforesaid sma' of its aforesaid back, disappeared deawn th' stream, an' "Batter" an' "Storm" haven't set een on him sin.

If any fishermon happens to lond a tidy-sized fish wi' a fork firmly stickin' i'th' sma' of its back, he doesn't need to entertain th' impression ut its gone an' got itsel cooked to save trouble. It has nowt but met wi' an accident—for which it isn't i' any way responsible—an' if he'll nobbut send th' fork to Mrs. Bleazard at th' Spread Eagle, he'll confer an obligation, for aw believe it's one of her best forks, an' 'at " Batter " yers abeawt it occasionally.

Crossin' th' river, an' passin' " Baldy's " retreat, we ascend a steep road which leads on to Grindleton, an' here we visited " Th' Duke o' York," for th' sake o' consignin' a gallon o' " nut-brown " to th' tender mercies of a dozen farm chaps as wur stood wi' ther' arms buried up to th' elbows i' ther' breeches pockets, busy proppin' up a barn opposite. For this relief they seem't thankful, an' sed so, an' we went across to little Jimmy's t' appease a sudden desire for 'Bass's bottled; browt abeawt bi witnessin' th' evident sincerity wi' which th' chaps disposed o' their draught. It wer neawt else, believe me.

Comin' back t' th' Hotel, th' rest o' th' neet we spent i' joke an' song, an' it wer arranged at th' finish 'ut " Storm," " Batter," an' mysel' shud be up betimes i' th' mornin', an' off a fishin.' This 're a vocation awd allus pooh pooh'd afore; but they'd worked me up so wi' ther wonderful tales 'ut aw wer determined to have a 'venture o' mi own, an' make my fust appearance as a disciple o' Isaac Walton, an' aw went to bed an' dreamt o' neawt but fish. They were o reaund me, little uns tickled th' soles o' mi feet, middlin' sized uns nibb'd at my legs, some, abeawt th' size o' conger-eels jabbed their noses into th' sma' o' my back, an' one monster of a fellow settled on mi chest; an' aw'd just getten him wrostled off, an' had begun a breathin' freer, when " Batter " coom batterin' at mi bed-room dur, an' sheauted, " Neaw then, Dick, arto comin'? Come on, it's after five o'clock, an' me an' "Storm's" ready. What wilt have to sup?" Well, aw generally tak a glass o' cowd wayter i' a mornin', but "Batter" sed ut that wern't good enough to goo a fishin' on, as aw met ha' moor on't than ud agree wi' me afoor aw geet back agen; so aw compeawnded for a glass o' milk an'—well, he's a gud mornin' doctor is "Batter," an' he mun ha' suffered a lot i' acquirin' th' knowledge he has, 'at enables him to understond exactly wot human natur' requires i' certain cases, at certain times. Well, when aw geet deawn stairs, theer wer "Storm," dressed i' nowt much but a macintosh an' bare legs, wi' his basket slung across his shoothers. "Batter" had getten into his leet holiday suit, an' wi' th' exception of havin' an umbrell wedged under my arm, aw wer donned as usual; an' three jollier fishermen ne'er stepped eawt into th' mornin' leet, than what we wur. It wur just th' mornin' for sich an eawtin'—well, fro' my point o' view. Thoose ut know fishes an' ther ways better may think differently. Owd Sol wur lookin' pleasant, an' seem't to smile us welcome, an' th' merry lark—revellin' i' his beams, seemed to cheer us wi' his song. Even th' keaws, wi' a sparkle i' the'r usually dull an' starin' een, whisked the'r tails an' lowed a friendly greetin' as we approached. Everythin' seem't glad to see us—except th' fish.

Havin' prepared eaur tackle, we started i' single file to look for likely spots, havin' th' reet of a mile to work on. Aw'd just turned reawnd to speigk to "Batter" 'at wur chatterin' i' th' rear, when "Storm"—o of a sudden—not thinkin' aw wur so close, sent his line whizzin' thro' th' air, an' londed one of his "flies" i' th' lobe o' my left ear, an' sent me pirouettin' on one leg, whilst mi rod an' umbrell floated deawn th' river. "Batter" smiled to that degree 'at made ordinary laafin seem sorrowful. An' after "Storm" had getten me unhooked, an' had adorned mi' "auricular" wi a bit o' stickin' plaister, aw pronounced one o' thoose celebrated "anatomies"† o' mine, an' laid mi deawn on th' grass, an' thowt a few thowts.

When aw looked up agen, "Storm" wer up to his midrift i' th' wayter, an' whippin' his line i' 'mid stream, same as if he're drivin' a four-in-hand. "Batter" had drop't his tackle an' gone "a brid-nees'in'." "Hello, my owd he-mermaid," aw sheawted to "Storm," "thar't shappin' weel for early obsequies, theaw art! Hast hooked aught yet different to a mon's yead?"—"Aye," he said, " aw've getten a fin or two; but if ta' wants any sport thae'll ha' to coom here, for th' wayter's so clear 'at the fish con see yoa on th' bank, an' they run away." " Well," aw sed, " they'll ha' to run away; for noather thee nor them 'll get me at that gam' whol' aw'm i' mi senses an' my clooas." " Eh, mon," he said, "this is grand! but I think we'st ha' t' be content wi' wot aw've getten, they're noan for nibblin' this mornin—it's a bit too fine for um." So gettin' "Batter" an eaur traps together, we made to'ards whoam agen, havin' bin eawt abeawt two heaurs, an' londed amung us as bonny a trout (for aw th' fins 'at "Storm" had bragged wur upo' one fish) as ever walked upo' two—aw meean as ever swum a streeam. Aw'm not mitch of a judge i' weights, an' dunnot desire to exaggerate, especially as aw know 'at Waltonians han getten th' reppytation o' weighin' their spoil when nobody's watchin' um, an' 'at their ackeawnts often takken moor cookin' than their fish; but aw con say conscienshusly—'at, as near as aw could estimate, that fish weighed at least hafe-an-eaunce if it weighed an atom.

If anybody should ventur' t' say fishin's not my " forte" at after this, why let um say it—say aw—they're not wo'th th'

---

† Anathemas ?—*Printer's Devil.*

trouble o' convincin,' an' aw con awlus mak' an impression on anybody wi' any sense i' their composition by pointin' to th' scar i' my left ear an' sayin'—"Look yo', do yo' see that? That 're done when aw're eaut fishin'!"

"Baldy's" promised to make up for my sma' catch by sendin' me an occasional boilin', so aw sh'll ha' no fur occasion to risk underminin' my nat'rally delicate constitution by gettin' up so long afore breakfast-time as far as fish is concarned; but I hope what he sends 'll not weigh quite as many to th' ton as that one 'at he an' "Storm" an' mysel' bagged between th' three on us.

FISHIN'.—II.

My anglin' exploits havin' become a matter o' history, it's astonishin' heaw poppylar aw've gotten i' fishin' circles. Aw've bin flooded wi' fishin'-rods an' other tackle, an' fairly deluged wi' invitations to join fishin' undertakkins'; fro' draggin' ponds deawn to bobbin' for cod i' th' North Atlantic. Th' varieties o' bait 'at's bin sent me are astonishin'. Amung it some wasp-cake has asserted itsel' i' lively fashion, for we're meetin' enterprisin' young wasps just on th' threshowd o' their careers aw up an' deawn the heawse fro' the cellar to th' attic, an' fro' experience aw can assert 'at they dunnot feel comfortable creepin' up th' inside o' one's treawser legs. This is one o' th' consequences o' becomin' famous.

It's a mistake o' my friends an' well-wishers to think 'at aw'm so passionately fond o' fishin' as aw this comes to, an' 'at they're doin' me a kindness i' sendin' me aw these presents an' offers. Let me undecave um. The days o' my fishin' doos ha' bin few an' chequered wi' anxieties. My catches ha' bin eawt of aw proportion to the trouble I've takken, an' aw've met wi' disappointments even "as the sparrows fly uppards." Excuse this relic of early piety croppin' eawt,—*it will do it* sometimes. Aw consider mysel' a "past-grand" i' th' fishin' line, an' aw dunnot feel inclined fort' impart any fur instruction on th' subject than what'll be foun' i' this narrative—concludin' o my piscatorial experiences. Anybody at' wants finishin off con apply to "Storm," an' aw'll give um a letter o' introduction. Fur than that aw'm inaccessible. "Storm" 'll oather make a fisherman, or mar one, o' anybody 'at tak's him for a tutor—but lem'me start o' resumin' wheere aw laft off i' mi last papper.

Havin' offered eawr catch to th' cat—'at didn't seem particular hungry just then, we seet dearn to, an' disposed of a reet royal *Spread Eagle* breakfast, an' then off we went on a beauties-o'-natur' enj'yin', health-seekin' ramble—an' we geet it full measur'. It's better than fishin'!

One o' th' main points of a country strowl is to want to goo to nowhere i' particular, t' have no definite eend, goal, or object i' view, an' to tak aw' 'at comes in an *optimist* sperrit. Yo'll wonder where aw've bin t' get that word. Ne'er heed—it's theere! If yo'll act up to this plan yore enj'yment is as certain as aught can be—yore risk o' bein' disappointed 's abeawt tuppence i' th' peawnd. This 're th' plan we adopted an' foun' to answer rarely. We trickled forrud, sometimes up broo, sometimes dearn, stoppin' to admire an' praise th' scenery—when we're eawt o' puff—or to peep into a brid-nest (which is awlus an interestin' seet to me), an' then gooin' on again, but awlus keepin' "Owd Pendle's" broad shoothers i' view for a lond-mark, until we coom i' seet o' th' railroad, which is a certain sign 'at one is'nt so far fro' somewhere, an' soon at after we geet theere, an' it turned eaut to be Gisburne.

An' as we'd nearly walked eawr legs to th' stumps it 're welcome.—Potery—

> Brids wantin' seed, will droop their wing,
> An' ha' no heart to chirp and sing.
> So mon likewise some help requires
> To stir up Natur's smeawlderin' fires.—
> A modest nip o' Mountain dew,
> " Islay," " Glen Athol," " Roderic Dhu,"
> Or, if his taste on " Irish " runs,
> Then " Kinahans " or " Jamieson's "
> Will soon dispel the sinkin' mood,
> And so will " Steawt " an' good " Whoam-brewed."

Lines o' my own composin'! Th' beginnin' of a poem—'at aw intend finishin' some-day—Hey! walk up,—R'Dick, Poet!—Alive, Alive, Alive, O!

But, to resume. We took in a bit o' human brid-seed at an hotel here 'at certainly hadn't bin built lately. It's said 'at Charles th' Fust cawd here t' weet his whistle when he 're here this road. An' he cawd at waur heawses o' entertainment, aw deawt, afore he'd done—"Whiteha" for instance. Well! at after gettin' eawr whistles i' fettle, we had a look at th' Church, an' a saunter throo th' Churchyard. I'm not one for moralizin' amung gravestones in a general way, but there 're summat abeawt this owd, ancient, though humble piece of antiquity, an' it's bit o' "God's Acre," 'at 're irresistible. An' here aw leet on a stone wi' an inscription referrin' to "Baldy's" greyt-gron-fayther, 'at 're a Captain in the "Royal Na-vee." It may not be new to everybody, but anyheaw, th' "author's copy-reet" 'll be run eawt, so aw'll venture to reproduce it.

> " The Boreas' blasts and Neptune's waves
>   Have tossed me to and fro',
> In spite of both, by God's decree,
>   I harbour here below.
> Where I do now at anchor lie
>   With many of my fleet,
> Yet once again I must set sail,
>   My Saviour Christ to meet.

Fro' Gisburn we took the direction o' Rimmington, bein' towd to follow a country footpath, 'at certainly made a delightful part o' th' ramble, an' anybody 'at happens to turn up i' that part o' th' country should'nt lose th' opportunity o' seein' natur' arrayed in o her charms, as hoo theere appears. We sauntered on drinkin' in health an' good temper by chist-fulls, an' here "Batter" pickt up a young throstle 'at had evidently had too good an opinion of its abilities, an' left whoam afore it could fend for itsel'. Its piteous cheepin' browt one o' th' parents wheelin' abeawt eawr yeds until th' youngster wur put back into th' neest again, an' then th' owd brid watched eawr departure fro' a neighbourin' spray, for anythin' aw know to th' contrary, wonderin' if th' "wild-brids protection act" had aught to do wi' it, or whether we wur noan schoo-lads a'brid-nestin' at after aw.

A lengthy walk is noan th' waur for havin' agreeable punctuations i' th' shape o' farmheawses or "pubs," an' this wur th' only drawback we could think on t' find any fault wi', an' it suggests th' takkin' some sich precautions as "Funnyon" used to tak.

"Funnyon" 're a provider. One 'at laid by for rainy days. If ever he went for a day's halliday, he made as mitch fuss th' neet afore as if he're boun' to th' underside o' th' wo'ld. He once geet locked up on a Krunner's jury until abeawt three quarters of an heawr past his reg'lar dinner time, an' it took sich howd on him 'at th' rest o' th' jury begun o' thinkin' they're in for another inquest. He would'nt tak a three mile walk i' any direction where there 're no baitin' establishments, an' he used to measur' his distances by th' public-heawses. He'd say, " Well, so-an'-so's abeawt as far as fro' Rocklift's to th' " Red Pump," an' so forth. Not 'at he're a toper by any means, but he're fond o' good seein'. He isn't th' only mon 'at aw know 'at's troubled wi' that complaint.

This is what "Funnyon" did. Him an' some chums made up a party th' tother Sunday t' visit some friends i' th' neighbourhood o' Chester, an' thinkin' theer might be a difficulty i' gettin' a drop o' comfort in case anybody geet deeawn-hearted afore gettin' whoam, he quietly invested in a bottle o' th' "Land o' Cakes' special" oe'rneet, an' never said a word to anybody, nobbut a very confidential friend 'at he knowed wouldn't split. This wur to come on th' party as a surprise, just at th' moost propishous moment—when they're far fro' any whisky spring—like rain uppo' th' parched crops, or like manna i' th' wilderness. But th' confidential friend 're fond of a bit o' fun, an' not only "split," but did so in a thorough manner. Th' fust stage they stopped at sumb'dy took Funnyon eawt to look at th' lon'lord's keawcumbers, an' while he 're away th' "special" 're emptied eawt o' th' flask i' Funnyon's satchel, an its place supplied wi' this concoction 'at 're put up by a suckin' saw-booans 'at 're one o' th' party :—

"Cerevisia—unum Cochlearium.
Aqua Pumpaginis—quantum suff.
Miscere, corticere et quatere lagina."

Th' young doctor wrote me this perscription, as is dog Latin, he said; but puppy Latin 'ud be nearer th' mark I think. It's nobbut cowd wayter wi' a drop o' ale in it to give it th' gradely tint, an' th' flask wi' this mixture in it 're replaced i' "Funnyon's" satchel. When he coom back he're so metty-forically full o' keawcumbers an' kitchen gardenin' 'at he never noticed th' swarm o' smiles an' grins 'at 're playin' uppo' th' features o'th' company generally, an' soon they wur aw "*hen roost*," as they sayn i' France.

When th' time arrived for th' good Samaritan to reveal

hissel—which 're after dinner at th' farm heawse 'at 're the goal o' their pilgrimage—an' when they're gooin' in for rooral felicity under th' shadow of a new getten rick o' hay, Funnyon —after havin' gan th' farmer's wife directions to send glasses an' a jug o' wayter—fresh fro' th' pump—spoke eawt thusly; "Lads," said he, "I've roamed o'er many lands an' many friends I've met,"—an' he has too—"but never afore have aw felt so thoro'ly happy. It does my heart good to be amung yo' this beautiful, sun-shiny day, wi' Natur' smiling aw' areawnd us like—like—as if hoo did it o' purpose. Lads," he continued, "Aw've browt a sope o' whiskey here," pooin' th' bottle eawt "'at aw think is somewheer abeawt th' mark. Fill to yo'r taste, an' let's be yerrin' what yo' think'n on it."

Th' fust partakker o' Funnyon's hospitality took a gulp an' then shot it eawt again like a fire engine, pooin' a face feaw enoof to freeten a kest-iron dog into hydrophobiobia.— "What's th' matter, Billy?" said this bennyfactor of his speeches, "hasta made it too damp for thy likin'? Put a sope moor 'Scotia's Glory' in it—theer is plenty." "Scotia's Glory be smothert!" said Billy. "If any Scotchmon 're t' yer thee ca' it that name he'd floor thee afore thou could say snuff. It tastes nowt no strunger than wayther 'at a drunken blue-bottle has committed shooicide in."

"It's happens very owd whiskey," said another; "owd whiskey does drink very mellow."

"Mellow behanged," said Billy, " an' the Lord forgi' me for usin' strung language ov a Sunday, it's as mellow as th' washins of a brew-heawse mop."

"Well, Funnyon tasted, an' then he used language 'at 're a good lot strunger than Billy's. He said 'at somebody had bin "tamperin'" wi' it, an' fixed on th' innocentest chap o'th' lot as th' culprit. This th' chap denied, an' browt a lot o' things to prove 'at it could'nt be him, so then "Funnyon" said 'at they must ha' given him "one o'th' 'Land o' Cakes' dummies by mistake;" an' if ever a mon looked like a dog wi' its tail between its legs for th' followin' ten minnits, it 're poor Funnyon. "Dunnot let it fret thee," said one, "it's an accident, an' accidents will happen to th' best reggy-lated whiskey bottles. Thy intentions wur good, an' that's th' main thing." Then one said 'at it 're a "shoam to be so careless"; another wondered "if th' farmer had getten any," an' two or three others said they'd give anythin' i' rayson for a drop o' Scotch, even if it 're nobbut a "short length," "a modest two," but they reckoned there wur no help for it but waitin' till they geet somewhere wheere whiskey wur. By th' style they went on yo' might ha' thowt they wur a party o' Scotchmen just eawt o' th' Penitentiary, an' fair heart brokken for a taste o' their native juice. Th' gam' went on till they'd made Funnyon look as miserable as if he'd just foun' 'at he'd bin left eawt of his rich uncle's will, when up jumped his confidential friend, and said, "Lads, aw believe aw con get yo' some whiskey. It'll not be as good as what we should ha' had, but we con put up wi' it, aw dar' say. Heaw stupid on me not to think abeawt it sooner." Off he darted, an' after a delay o' two or three minnits, just to keep up appearances, he comes steerin' back wi' a black bottle in tow.

"Wheere has this come fro'?" put in Funnyon, as his friend butled him some for a start.

"Say nowt an' sup," answered his friend. Well th' advice 're acted on, an' at after a dacent sip Funnyon looked his friend i' th' face, but theer 're no moor sign theere than in a wooden Aunt Sally. He took another, lunger drink, an' then gav' a look reawnd, sayin', "Aw con swear to this whiskey anywheere!" an' then theere followed a long, pent-up roar 'at explained it aw like winkin'.—It took some little time an' effort to get th' good Samaritan into anythin' like sociable trim, but he said, an' he's stuck to his text so far, that never no moor solicitude for that section of his fellow craters for him.—He'll carry a *solo* supply an' stick to it.

Wi' this bit of a digression, aw'll proceed to finish th' ackeawnt of eaur saunter. We descended fro' th' field road into a lane leeadin' on to Rimmington, an' fust we came to a heawse uppo' which th' feawnder has placed this Inscription:

WM. RUSHWORTH,

FIELD HOUSE, 1817.

Repeat no Grievances, but Study to be quiet.

And mind your own Business."

Th' owd Mistress 'at lived theere seein' us lookin' abeawt, coom eawt to speak to us. On eaur askin' why Mestur Rushworth had embedded an' embodied these sentiments above his threshold, hoo replied—

"Well, yo' see, theere wur a big family o' lads an' lasses, an he thowt if they'd awlus this afore um it 'ud remind um t' be friendly one wi' another, and to keep fro' meddlin' wi' what didn't consarn um."

"An' capital advice too, Missis," said aw, "an suitable for many others beside th' Rush'oth family. Thank yo,' an' good afternoon."

Rimmington is an or'nary unattractive village, but a chance turn to th' reet, through a style, taks us into one o' th' loveliest dells it is possible to imagine. From this we ascended a steep fell, and from th' top, lookin' deawn o' th' tother side, eaur een wur greeted wi' th' welcome an' unexpected view o' owd Sawley's ruined walls, an eaur snug, white hostlery snoodlin i' th' valley below. Theere we, not long at after, arrived, an' soon geet two somewhat serious ailments considerably relieved—aw may say—for th' time bein'—cured. One wur hunger an' th' tother its sister malady. Th' third complaint, fatigue, requires slower treatment, but that too wur soon perceptibly less violent. Th' effects of eaur days wanderins seemed to ha' croppen fro' Batter's legs into his yed, for he seemed to grow more absent minded as th' evenin' progressed, an' later on he 're missin' bodily, an we supposed he'd gone to bed. Early i' th' mornin', Uncle, gooin' his reawnds, yerd summat 'at seawnded a bit like a corncrake at first. But after listenin' a bit he concluded 'at he'd "never yet yeard a corncrake craking like that corncrake craked, if a corncrake it wur 'at wur crakin'," an' he went on a tower of inspection. Theere, snugly sheltered from passers-by but fully accessible to the dews of heaven, in a little hollow by th' Ribble, lay Batter, sleepin' as seawnd as a church, an' snorin' like a circular saw. "Uncle" shook him t'gether an' browt him in, as damp as a dish-clout; an' i' th' continued absence of an unexpected gowd medal fro' th' Royal Humane Society he is satisfied to see Batter apparently no waur for his neet under th' big blue bed-quilt.

Th' spot is neaw known by th' name o' th' "Corn Crake Neest."

So be it.

THE TWO ANGLERS.

The date was A.D. ninety-six,
   The time of year September;
Our destination, "Poynton Pool,"
   I well that time remember.

"Contractor George" brought steed and car
   With ample store of rations,
And off we drove to war 'gainst fish
   Of all denominations.

At Heaton Norris Brow we found
   "The Magnet" stongly drew us;
We also found a want supplied
   In a way delightful to us.

"'Tis forty years since last I fished,—
   This day I mean to try to
Land a box of prime cigars!
   A tasty 'family fry' too."

So spake "'Bobhard' the valiant"
   When 'Counc'llor John'—uprising
Replied "I'll throw a line with thee,
   My skill is most surprising!

Do'st thou not know I've fished a year?—
   Base is the slave who bounces—
But—on my life and soul its true—
   My catch is quite four ounces!"

THE TWO ANGLERS.

Quoth 'Bobhard'—boast not Councillor,
   I'm modest, though I'm skilful.
Our Club expects a mighty haul
   Which both our kits must fill full.

Well!—when, with rod in hand, they stood
   Beside the Pool's clear water;
'Twas plain to see their aims were fell
   And fierce piscat'ry slaughter.

Like unto *Isaac Waltons* both,
   They valiantly bore them;
With each a foot stuck out behind
   And th' other stuck before them.

Now 'Bobhard' was the first to score.
   His catch a perch, so tiny
It might have been a shrimp, out of
   The moist and mighty "Briny."

But, when an hour had past—"come here!
   Said he, "I've got a bite on!"
Another Perch danced on his hook,—
   "My eye!" he yelled—"A Triton!'

And—close upon the hour of six—
   'The Councillor' next cries out—
"My float is down! my heart is up
   By Jove! I've fished a prize out.

This fish is worth five bob to me
   E'en though it comes in second,
Its' cost me twenty-eight, that's true
   As near as can be reckoned.'

*   *   *

THE TWO ANGLERS.

Eight other men like statues stood,
   Devoid of animation,
And fished and never got a bite,—
   Most fishy consolation.

Compared with them, 'Bobhard and John'
   Caught, each, stupendous catches,
Three solid ounces was the weight
   Of their united batches.

More fun than fish that day we caught
   And very small the wonder is,—
Good ale, good temper ruled the roost
   With other pleasant sundries.

Well!—Here's to our two fishermen,
   Two anglers true and steady.
May they still other prizes win,
   And prize those won already.

And, anglers all, when e'er you seek
   Your homes, and hearths and couches—
I hope each catch will more than fill
   Your envelopes or pouches

TH' MATCH

WELL, it's o'er! An mi own limbs are safe, an' nob'dy else hurt, though it wur a underhonded gam, that is, one ov yoar owd fashunt sooart, wheer yoar legs harno knockt fro' under yoa, an' yoar bat sent fleein into th' air, whol wi' booath honds yoar feelin' if yoar yed's wheer it owt to be, this is as far as th' bowlin's concarned. Th' battin' wer o'th' usual order,—perhaps a bit mooar varied,—an' a few mooar different styles wur shown than is usually seen i' a first-class cricket match. But this is just wot yoa met expect fro' sich teams as th' "Happy Noodler's" formed o' Wednesday last at Longsight, i' which music, th' drama, th' press, an' literature generally (wi' supporters o'th lot) wer represented. Bar th' Captin—*one as didn't turn up till it wer o'er*—it wer understood that th' players wer thoose ut wern't i'th' habit o' playin' reg'lar, but ther're a two-three on 'em showed sum rare *owd* form, an' caused them as didn't to luk eaut an' wakken up sharply.

Neaw ther's neawt like cricket for makin' a mon feel like a lad agen, an' he's no mon ut connot once an agen, doff his top hat, an' enter into th' gams ov his youth. An' wot gam' is like this for makin' a mon forget his grey hairs an' givin' o his faculties a treat? Here yoa have time, patience, calculation, strength, skill, speed, an' if yoa nobbut do as we did, yoa'll have laughter for a twelve-month, an' that's worth summat to sumb'dy.

At one time i' mi life aw wur so fond o' cricket, ut aw used to get up an' goo practisin' at five o'clock i'th' mornin', an' yet aw wer never ax'd to play for mi country, an' o' Wednesday aw wer bowled th' furst bo, whol mi friend th' Prince, who scarcely ever saw a bat i' his life, an' connut see above five yards off his nose, cooms caperin' up to th' wickets—dressed i' spectacles—an' gets th' magnificent score ov four. An' if he hadn't bin feelin' wi' his bat for th' bo i'th' air, whol it wer at his fut, he met ha' getten four mooar!—Here yoa have an example o' th' glorious uncertainty ov cricket. Eaur "Jemmy," too, wer active i' th' fielt, though unfortinate wi' th' bat. An' it 'd ha' made a millionaire forget his troubles t' ha' watched us—nobbut for a two-three minnits! Some ov us wur a bit short o' Pilling an' Briggs at th' wickets, an' others 're a bit shorter. There 're some "ducks' eggs"—above an average i' fact—an' no centuries. As to th' battin' an' fieldin' aw've no deawt it 're not quite up to "Keawnty Form." But if it wur deficient i' that respect, ther's not mony cricket matches 'at could ha' come up to eawrs for fun. Ayther ov eawr elevens (thirteen to th' eleven) cud ha' licked any Keawnty team i' th' Kingdom at it. An' nine times eawt o' ten wi' an innin's an' some wickets to th' good.

We duly thank'd th' Longsight C. C. Committee for th' loan o' th' greaund an' sticks, an' hoped they'd lend us em agen next yer. A happy tay party—wi' "Jacky"* in it—an as kept Mrs. Woodlock cuttin' bread an' butter, an' Mestur Woodlock gatherin' an' weshin' sallit for three-quarters of an heaur, browt this happy combination to a grand finalé—though eawr Sarah ses hoo's sure hoo yerd someb'dy serenadin' at eawr garden gate after th' street lamps wer put eawt. But aw connot believe it—serenadin' isn't i' eawr line—an' we dunnot expect it, an' them at goes in for it 'd better be prepared for o contingencies.

---

* Jacky,—A fluid substance with an alcholic basis. Long known in the Northern Counties of England, as well as elsewhere, and which, by *spectrum analysis*, has recently been found to exist in the tails of comets.—*Ed.*

AW NEVER SAY DIE!

It isn't everybody ut starts off on a picnic bi thersel', is it? Noa. Well, mine coom off i' this way. Aw'd made aw mi arrangements i' th' reg'lar way, but unfortinately in th' meantime a couple o' doctors wer coed into eaur heause as begun a practisin' uppo' me for so mony days, an' at th' eend left me wi' barely an ounce o' life (but a bit o' resolution) an' a strong injunction ut aw werno to stir eawt o'th' heawse for a week, or goo to th' sae side for a fortni't. But as soon as they turned ther' back, an' aw felt mi feet, aw tuk to wing, an' aw'm "livin' yet," an' welly agen as strung as a cart-horse, for which, amung other things, aw feel thankfu, tho' it wer perhaps a bit risky. Heawever, aw felt ut aw must goo, an' ut a gud blow uppo' th' Darbyshire hills ud happen straighten things mooar than a barrel or two o' physic. An' so it proved. Aw started off i' pursuit o' thoose ut ud getten three heaurs start, to Chapel-en-le-Frith, wheer aw met mi fust block bi th' londlady ut th' King's Arms tellin' me ut hoo cudn't find me a conveyance to take me on to Castleton, wheer aw had to get to, seven miles away. But aw towd her as hoo'd ha' to find me summat, if on'y to set me part o'th' road, an' aw had to wheel it mysel', for walkin' o th' road wer' eawt o' th' question o together—under th' circumstances. Aw didn't care whether it wer a saddle horse or a horse beawt saddle, a dog-cart, phæton, or wheelbarrow, but get theer aw must, un seein' that aw wer' i' earnest—an' earnestness is th' secret o' success—hoo, like a good craytur, prevailed uppo' a dacent an' civil grocer, ov that teawn, to let his son drive me i' ther car as far as wot they co'ed "Topps," if that ud do. Un aw sed it ud do very weel, for aw thowt if aw geet to th' top aw cud manage to rowl to th' bottom, an' a tidy gud rowl it is.

Aw believe it ud a bin th' easiest way o' gettin' deawn, for aw tuk across th' fields, an' thro' th' Winnets, which is that steep yoar beawnd to trot (yoa connut walk) an' as aw luked up at th' immense heights hangin' o'er each side, aw bethowt me o' thoose lines fro' " William Tell," un aw broke eawt—

> "Ye are the things that tower,
> That shine, whose smile makes glad,
> Whose frown is terrible, whose forms,
> Robed or unrobed, do all the impress wear
> Of awe divine."—

Two-three sheep grazin' abeaut, luked up i' astonishment— an' no wonder—an' a few warnin' drops o' rain takin' th' gloss off, aw put up mi umbrell' tuk mi hat off, an' hurried mi wackerin' legs on th' perspirin' way, reachin' yed-quarters just i' time to get mi dinner bi mysel'. But aw mun say if wot wer set befooar me wer but a sample o' wot ud gone befooar, thoose ut sat deawn to it mun hav had a gud time, an' th' "Hostess" desarves gud praise.

Resoomin' mi peregrinations bakkards, but mooar strengthened, th' seawnd o' music led mi into a fielt wheer th' party wer met for dancin.' "Moet and Chandon," ice an' "St. Julien"—an aw wer received like one as ud just returned fro' a lung exile on a forrin shore, they seem't so pleased—an' aw felt so. Th' rain unfortinately (as wer follered up bi a thunder-storm) put an eend to eawtside amoosements, but ther' 're talent enoogh theer to carry on a week's entertainment inside, so th' dowters of Eve gathered up their remnants o' silk an' cotton, an' skipt lightly o'er the damp grass to'ards th' hotel wheer harmony soon prevailed.'

It wer quite an aristocratic gathering, an' th' "Member for Everton Road's" dowter sang, an' th' "Marquis ov Harpurhey's" dowters sang, an' "Dickys-son's" dowter did ditto, an' "Sir Richard o' B. V.'s" dowter follered suit, an' "Dicky's-son" his-sel' gan a readin' fro' th' *Lady of Lyons*, an' "Mestur Doubleyou" played th' big drum as nobody but an artist cud play, an' when he werno' playin' that, he wer leadin' eawt:

> "Rise and shine through every nation,
> O-h-h thou temperance star divine"—

but his luke belied him, an' th' contrast between him an' th' "Mayor o' Walkden Moor" wur marvellous, for th' latter wer' evidently practisin' wot th' other praiched, an' like mysel, luked mooar like a penitent sinner than a picnicker. Th' "Marquis ov Harpurhey" wer' mestur o' th' ceremonies, whol th' "Chief Justice"—as luk't o th' time as if summat wer' missed or sumb'dy missin—ruled o'er o.

A third class saloon wi' a convenient department for drawin' extra-corks as wer' weel patronised, an' voices bein' kept up to concert pitch till th' eend o' th' journey whoam, browt a middlin' fair, dampish, enjoyable, cannot-awlus-have-everythin'-yoar-own-road soart ov a pic-nic to a satisfactory conclusion.

THE LITTLE JOKE OF A GREAT COMEDIAN.

J. L. TOOLEIANA.

MANY anecdotes have been related of the liking of that genial gentleman, Mr. J. L. Toole, for a practical joke, and, as it was not an unusually unusual circumstance for a cab to be kept in waiting for him, sometimes well into the "small hours," our comedian generally had the man and the materials for a little impromptu fun ready to hand on such occasions.

It will not spoil the interest of what I have to tell if I say that the victims of Mr. Toole's practical jokes were seldom or never unwilling to be re-victimized on the same lines.

Some three or four years ago I was staying at Blackpool at the time that Mr. Toole was fulfilling an engagement there. My reason for being there was to give a personal belonging of mine, a recently broken leg, the benefit of the sea air and the restorative quiet of Blackpool.

On the last night of Mr. Toole's engagement, he promised to spend a sociable half-hour or two with some friends at 'The Palatine,' at the end of the night's business at the theatre.

Faithful to his promise, the genial comedian came along to the Hotel in a cab (which he requested to be kept waiting), and, being in one of his happiest moods, had no trouble in keeping everybody amused and delighted to the extent of making the said everybody forget all about the flight of time, or not to care about it, which is pretty much the same thing.

Story followed story, and it was not until the clock struck one a.m. that some specimen of the 'early-to-bed' variety of the *genus homo* proposed Mr. Toole's jolly good health, reminded the rest of the company that an actor's life was perhaps not quite as easy as it appeared from the front, that Mr. Toole had, no doubt, had a fatiguing day, &c., &c.,—and so the party broke up.

As our paths lay in the same direction I got a lift in the long suffering Jehu's cab, and at the end of the drive, which was by no means a long one, Mr. Toole and myself alighted. Said he, addressing the cabman, and with an expression on his countenance suggestive of cherubims—" Well! I suppose you want your fare?—There's a 'bob'!"

" No 'bob' for me! not much!" says Cabby.

" Oh well then—there's *two* 'bobs'!"

" Nor no two bob neither!" remarked the cabman, with a touch of truculence in his tone—" D'ye know we charge by th' hour?"

" Oh! you charge by the hour do you? And how much an hour do you charge?"

" We charges two shillin' a hour! Do you know I've smoked half an ounce o' bacca while I've been waitin' for you? Should ha' lasted me all Sunday!"

" Now Cabby "—said the apparently annoyed comedian—" this *is* too bad! I engage you for a certain line of business and here I find you playing a smoking part. And I suppose you expect me to pay for all that tobacco?"—(a short pause)—" Too bad! really too bad!"—(another short pause) " What's your fare?"—" My fare's six shillin,!" said the cabman.

" No, no!" replied Mr. Toole—" Very nice turnout—but

I don't want to buy it.—Couldn't drive a cab if I had one.—I want to know your *fare*!"

"Six shillin' "—shouted Cabby—" Six bob!"

"What a lot of money" said the comedian—"Dear, dear, dear; what a lot of money!" Uttering these last remarks with comical gravity, he placed a number of coins in the driver's hand, and I hardly need say they were in excess of the amount demanded.

The tone and manner of the man altered at once.—"An' thanking ye sir! This has just set me up. I've only had but a one shillin' fare all day!"

A story of the same brand is told, in which the comedian thoroughly bothered the Cabby by mixing up penny pieces, florins and half-crowns in an apparently hopeless endeavour to pay the exact fare. After fifteen or twenty minutes of a seeming agony of anxiety, Mr. Toole solved the sham difficulty in his usual generous fashion.

The comedian, who seemed at such times to wish to appear '*incog*' was a little taken aback as the cabman mounted his box—to hear him remark—"Hay! Mester Toole, you have been havin' me on a 'bit o' toast' nicely!—Come up '*Persimmon*'!"

POOR JACK.

An Elegy.

"THE Waltons" owned a Terrier dog
    Whose christian name was "Jack,"
And though he wandered far and wide
    He still came safely back.

"Jack's" body, tail and legs were long:
    His hue—a sort of white,
He barked politely—and he wagged
    His tail to show delight.

And "Jack," though young was as discreet
    As any dog need be,
His ways of treating visitors
    Were quite a treat to see.

But, sad to tell, one fateful day,
    "Jack" once too oft, did wend
His way—It was to call upon
    A well-bred lady friend.

For as he jogged along, a dray
    (The drayman's heart was steel)
Rolled right across the back of "Jack,"
    With its stupendous wheel.

A howl!—a snap!—a growl—poor chap
    And "Jack" had breathed his last;
Whilst o'er his bier, the silent tear
    Fell— — subsequently—fast.

EPITAPH.

Here lies poor "Jack"!—A dog devoid
   Of vulgar bounce or bragging,
A cruel wagon stopped his tale;
   His tail has stopped a' wagging!

L'ENVOI.

Come terriers all—and also dogs
   Of every other kind;
Lament with me the fate of Jack!—
   . . . . And when out walking—mind!

Don't at policemen snap! And don't
   Bark at the horses' heels!
And don't get foolishly beneath
   The back bone-breaking wheels!

But go sedately on your way
   Whate'er may be your quest,
And—though you'll likely miss some fun,—
   You'll find it pays the best!

MACKEREL FISHIN'.

Aw hate th' sae, except to luk' at, its foamin' billows bear no charm to me, except fro' an eminence. Aw noather care to be rocked i' its cradle, or lulled to sleep on its bosom. There's no life for me on th' ocean wave, nor con aw mak' a whoam on th' rollin' deep. Agen aw say aw hate th' sae, an' it matters neawt to me when th' " Rover's afloat," whether he's free or not. Aw know when aw'm afloat! Mi yed swims, mi stommik rebels, mi heart rejyceth not, mi flesh quivers, an' mi booans rattle; so aw think yoa'll agree aw've little to be thankful for when beawnd to trust mysel' to th' beawndless main. One mon sings, "Aw luv the ocean in a calm." Aw luv it in a distance, an' pictures, but aw wer' lately, once mooar tempted to goo a sailin, an' fish for mackerel, an' this happened at th' Isle o' Man. Heaw aw managed to geet theer an' lond beawt ony mishap, may have bin' th' cause o' my lendin' a willin' ear to th' seductive propositions of a brawny skipper on th' Victoria Pier, supported bi th' persuasive eloquence o' mi travellin' companion "Wallitt," to mak' up a party as wer gooin' eawt i' th' yot as're No. 30, for an heawr's fishin'. Wi' th' understondin' that it hadn't to be mooar than an heawr, aw consented, an' it sarved me reet—for a foo'.

Eawr party o towd numbered eleven—passengers ten, crew one, an' amung 'em wer two felly's fro' th' neighbourhood o' Oudham. Aw wudn't like to say fro' Oudham itsel', becose one's used to meetin' wi' th' honest genuine article fro' theer, but if these two did come fro' Oudham, they're two o' th' selfishest Oudhamers ever aw come across, an' aw

MACKEREL FISHIN'

thowt at one time that ther district, wheerever it might be, ud be no warse off if its population wer suddenly decreased by two. But bless yoa, when these little things are o'er yoa con afford to luk back an' laugh o'er 'em, an' aw hope they'll forgie me for harbourin' sich wicked thowts, an' that they may agen ha' th' pleasure of introdoocin' mackerel fishin' in ther holidays, and listenin' to th' inharmonious strains of six, or mooar o' ther sufferin' brethren.

Well o aboard, we hove anchor, set eaur sail an' glided gently eawt o' th' harbour, and bein helped bi a favorin' wind, we soon leeave th' coast o' Mona's Isle beheend. Neaw then yoa fishermen—wheer's yoar tackle? Yoa've had a lot to say, let's be seeing' what yoa can do? Han yoa getten ony lines, Skipper? "Ay, ay sir, I've got two, but there's plenty time yet. We've not got to where the fish are, they move about, dy'e see sir." "Aw expected as mich," aw said, though "awm a stranger to it, but awm thinkin' if thae goo's much fur thae'll be gettin' th' lond o' shamrock an' bycottin' i' view." "Heaw will this do?" sed th' leeast o' these two would-be-fishers—(th' biggest had o ready succumbed to Neptune's rule, an' wer amusin' hissel bi neaw an' then doublin up of a heap i' one corner an' groanin', an' blowin' like an owd wheezy pair o' blacksmith's ballis)—pooin eawt a parcel fro' his pocket, an' displayin' a curious sooart o' fish hook, i' shape an' welly as big as a spit at we han at eawr heause for roastin' turkeys on, that is, wi' one lung, strung hook at th' bottom for th' brid, an' a lot o' smo hooks reaund th' top for th' sausages. "What do you expect to catch with that, sir," sed th' crew?—"Mackerel—its done it befooar."—"You never caught mackerel with a hook like that, sir,—I should think they use them on board whalers, sir." Awfully civil these crews are.—"Oh," aw said.—"Aw don't think he knows a mackerel fro' a cod, or heaw to fish for one or th' other."—He paid me a compliment, for which aw thanked him, an' towd him if he really wanted to catch owt wi that hook, he mun goo and cast his line i' a pig cote wheer ther're a gud litter, an' he stond a chance o' londin' summat that ud need no stickin' if it once geet that under its gills.—"Aye," chimed in "Wallitt," "it favvors a pig mooar nor a fish hook.—Neaw then, mi noble piscatorial adventurer" (this to th' chap in th' corner), "tha *art* enjyin thisel!" "Aye," sed he, when he could get his breath, "aw coom a purpose, it'll do me good!"—"Aye, well," aw said, "next time tha wants doin' good, aw'd advise the ta tak' a turn i' a chemist shop. Tha'll do it for a deeal less brass, an' happen enjy thisel as mich, beawt makkin' other folk uncomfortable." Th' crew said he'd "give ten pounds that minute if he could only be like him."—"Aye," aw said, an' tha'ed gie twenty peaunds to be wot tha art agen, aw know.—But come mi bowd buccaneer, produce thi lines an' gie somebody a start, or else ther'll soon be nob'dy to use em, ther's two or three others changin' color aw notice."

"Are yo bad, mestur?" sed "Windmill." †—"Nawe," aw sed, "not exactly bad, bnt awm no better than aw shud be—ther's many warse."—"Aw dar' say," he said, an' lukin' slyly to'ards th' convulsin' frame of his friend.—"Mind your heads, gentlemen," sheauted th' crew, an th' sail come whizzin' reaund wi' a bang as sent th' boat o'er o one side, an' fetched a moan fro' th' prostrate piscator as scart a sae-gull away 'at 'ud bin hoverin' reaund us for some time.—"Neaw then, skipper," aw sed, "tha' wer welly too lat' that time, whot art tryin' to do?"—"I'm tackin', sir." "Well, tha'd better be takkin' us to'ards a hospital, or else tha'll be

---

† One o' th' two fellies aforesaid.

havin' a burial at sae. That mon connut heave mony mooar like that beawt doin' hissel an injury, an' awm beginnin' to feel a bit queer, which might turn eawt mooar serious than yoa imagine. An' "Wallitt," theer's getting a "aw-wish-aw-wer'-a'-whoam" sort a' look abeaut him, an' showin' mooar o' th' whites of his ee'n than's pleasant to luk upon. An' that y'ungster theer's sufferin' terribly, an' his fayther's no use to him. So aw think tha'd better mak' for back agen afooar eawt warse happens."—"Well, just as you like gentlemen," replied th' skipper, "settle that amongst yourselves. It makes no difference to me. I'll go by the majority." "Whot," ses "Windy," "goo back. Why we've on'y just come, an' not cast a line. We're noan goin' back yet. Whot does ta' think Bill?"—"Aw don't know," ses Bill (his cornered friend), "Whot's up?"—"Why, the're botherin' here abeawt gooin' back, becose the're so bad." The're very considerate. O-h-h! if they've had enough, let 'em get eaut, awm noan tired yet."—"Maybe not," aw sed, "but if tha' goes mich fur tha'll bust a blud vessel." Well, nobody had neawt to say, nobbut these two, so th' majority had to bow to ther' rulin', and th' lines wer' browt eawt an' baited; an' "Windy" geet howd o' one, an' after bein showed heaw to use it, he seemed to know o abeawt it, an're very weel pleased wi' his sel. "Neaw then, R—dick," sed "Wallitt," "aren't tha gooin' to have a throw?"—"Nawe," aw sed, "aw'st have as mich as aw con attend to directly. Beside, awm no hond at fishin', an' if aw connut enjoy it fro' a river bonk, wheer ther's a solid footin', awm noan goin' to try wheer th' bonks are waytery, and shiftin' abeawt like this, so yoa get on wi' yoar sport, an' gud luck attend yoa, an' leave me to reckon wi' mysel'." Which aw very soon began to do, an' if ever a mortal i' th' days o' th inquisition suffered mooar on th' rack than aw did that day, he wer to be pitied. Well, in abeawt hauve an heaur they began a haulin in th' mackerel an throwin' 'em on to th' bottom o' th' boat, wheer ther contortions an deeath throes added so mich to mi agonies that aw dunnot think aw shall ever be able to luk a mackerel i' th' face agen. Each neaw an' then th' boat ud get a seawse as ud *mak-'her-reel*, an' th' spray ud *mak-a-rill* deawn my back, an' aw thowt if eaur Sarah wer theer it ud *mak-her-ill* fort' luk at me. But aw wer nigher chokin' than jokin' just then. "Wallitt" had a bit of a turn, but wer soon o' reet agen; but if ever aw shud come across "Windy" an' Bill agen they'll ye'r o' summat unpleasant to listen to. When we did get ashore aw ne'er once luked beheend nor spoke a word, but made reet for mi lodgins, an' i' stead o' mi dinner—to bed.

Here aw bethowt me o' that chap 'at had sich a bad time i' crossin' to th' Island, that when they'd getten th' boat alongside o' th' pier, his friends 'ut he'd started wi, sarched for him hee and low, but he're no wheer to be fund, and they made sure that he mun ha' made away wi' hissel', for they cudn't see heaw he cud ha' passed 'em, for they'd stud at th' gangway fro' th' fust, and wer th' last to leave. So they made ther way sadly an' wonderin'ly to'th lodgin's that 'ud bin takken for 'em befoor hond, and theer to ther surprise they fund th' lost one set at a table, an' busy writin'. "Why, whot the hangman," sed one, "heaw has't getten here? Tha's gan us a bit of a knock; that tha' has. An' whotever arta' doing?"—"Awm writin' a letter," sed he. "A letter, why tha' has'nt bin here mony minutes, whot art' writin' abeaut?"—"Why, awm writin' to th' wife to come an' fotch th' childer. Awm noan gooin' back!"—Aw wer very near gettin i'th same frame o' mind, but "Wallitt" an' a cup o' tae smoothed me deawn, an' aw contented misel' bi' deliverin' th' follerin' address to th' sae, as aw cud see fro' mi bedroom window.

"Aye, rowl on an' roar thi' fill, thou fawse deceitful one. For yers aw v'e tried to be thi' friend, an' coax the' into summat like daycent usage. But nawe; from th' very fust when but a choilt upon mi mother's lap, tha showed thi spite, an' welly freetened th' life eawt of her, by shakin it eawt o' me. Let them praise thee as will, an' say, ther's health dwells i' thi track. Aw've neawt to thank thee for. Thar't mighty, but unmarciful, an' so tha's ever proved to me. Ther's mischief lurks beneath thi calm and glassy face. Thi smiles—when in playful mood—are wrinkled seeams o' treachery; an' thi' boisterous mirth is mockery to mi ears. When aw luk at thee aw think heaw mony hearts thae's caused to break. Thy law's supreme an' unrelentin'. Neawt's too big or too gud for thi ravenous an' capacious jaws. Tha's divorced th' mon an' th' wife; severed th' mother fro' th' choilt, blighted th' hopes of th' expectant bride, an' betrayed thi best friends i' numbers unkeawntable! So, aw say agen, aw like thee not; an' though aw'm beaund to trust thee once mooar, it's becose ther's no other road o' gettin' whoam.—So tha's another—but only one—chance o' playin thi' marlocks wi R—Dick.

TH' "SCRAMBLIN ARMY" PICNIC.

Trade keeps very bad, but picnics, chep trips, cricket matches, an' fleawer shows are plentiful, an' aw've getten as mony on hond as aw shall be able to get through i'th' season, though they were welly nigh bein browt to a sudden stop bi a watery grave, throo a boat upsettin wi' a chap i' specs an' another for company; an' though we didn't actually get into th' wayter, ther're neawt wantin nobbut a bit mooar ill luck t' accomplish that fact. But luk at th' shock. Yoa met as weel be dreawned as freetened to deeath. An' though aw wer towd, when we geet ashore, ut even if we had got upset, th' wayter just then would'nt ha takken us above up to eaur necks, aw'm not i'th' habit o' treatin my yed to any sich amusement as floatin on a surface o' wayter like an india-rubber bo i' a gowdfish parlour fountain. An' supposin' aw'd ha' gone deawn *yed fust*? Wot then? Aw'm neawt i'th' acrobat line, an' aw've an objection to disportin' mysel like a dolphin or porpoise at play, wi' my Sunday stick an' best clooas on. An' agen, if aw'd bin thrown eaut lengthways, an' ever so gently, ther'd ha' bin neawt seen but a few bubbles until after mony days, for aw kornt swim. So it ud ha' bin awkward for me any eend up.

Well, as aw wer gooin to say, eaur Sarah's beginnin to jib o'er these numerous eautins, an' aw've begun to subterfuge—successfully up to neaw—but welly o th' known excuses are exhausted, an' aw'st be like to start agen on a straight turn. Heaw other foak manage these things aw connot tell, as aw never care to be in at other arrangements than mi own. Let mi own sins be uppo' mi own yead, an' mi shoothers bear nob'dy else's burthens. Neaw ther's eaur Joe—he'd bin a ailin' three or four days, an' fell off his meight, poor lad, but he's neaw pickin' up his crumbs again. He's not mich gi'en to volubility of speech, an' I've yerd it said that when things dunnot exactly dovetail t'gether at ther heause he sleeps 'em off. Th' "Justice" has nob'dy nobbut hissel an' his liver to consult, an' findin Tarraxicum and Podoyphlin useless—he's ta'en 'em booath to Blackpool an' "Jack Foster's," and treatin' 'em to a change. An' so they goo on. But aw mun be careful what aw say these times.

As aw're sayin', aw're a bit used up for excuses, so started another tack bi sayin' to th' missus—"Sarah, th' newspappers is full o' neawt but "Awful Calamities," "Shocking Murders," "Extraordinary Breaches o' Promise an' Divorce Cases," an' yet one yers neawt talked about mich but pleasure parties an' picnics."

"Aye," said hoo, "it's dreadful th' way ther carryin on— but young foak will ha' ther fling—i' my day it wur totally different, but neaw everythin seems revolutionised. It used to be wark, wark, fro' dayleet to dark, fro' Monday morn to Setterday neet, but neaw it's play, play, an' "when's th' next halliday?" Just luk at eaur own childer."

"Ay, ther's booath quantity an' quality," aw put in.

"Fro' th' youngest to th' owdest the're for ever talkin o' gooin, or wantin to goo somewheer, but wantin seems th' best o' ther share."

"Oh, well," aw said, "they'll ha' ther turn i' time; theau knows *we're* not done wi' yet."

"Thee speigk for thysel, lad, for aw dunnot think theau ever will be done wi' till theau're buried, *an' then it'll be a question o' keepin thee deawn*—but *my* jauntin days are o'er, aw want rest."

"Neawt o'th' sort," aw said, "theau's mooar sunshine nor shade abeaut thee yet, an' it'll be time enoogh to talk o' restin when theau gets mooar o'th' shady side."

"Ger off wi' thee," hoo said, "an' noane o' thy gammon!"

"Neaw," aw continued, "ther's a masonic picnic of 'eleven-sixty-one' to Alton Towers i'th' mornin', an' as o th' quality's gooin, they,—an' I—shud like us to goo, too. Ther's th' Mayor o' Walkden Moor—it'll be a big day for him. He's gooin' t' tell us what benefits an' pleasures he's received sin' th' last do wi' th' same lot, an' dwell on th' renovatin', steadyin'-an'-savin', lung-livin' properties o' ginger ale in general, an' buttermilk in particular."

"Well," hoo says, "theau mun goo bi thysel, for aw wouldn't ha' thee disappoint th' mayor; but for mysel, aw dunnot feel up to th' mark, an' aw shall be happiest amung my knittin' an childer."

Yo' see ther's neawt like pressin' for two if yo' nobbut want one to goo!—An' hoo packed me off next mornin' wi' a leet heart an' a springy step, an' a parcel o' strawberries i' my tail pocket for me t' sit on. When aw geet to th' station th' fust aw clapped mi een on wur th' "Markis o' Harpurhey," an' th' "Warder o' St. Michael's Tower," i' full fig, an' lookin' as fresh as paint. They put me i' mind o'th' "Two Roses." Th' "Justice" had th' appearance o' just havin bin tumbled eaut of a bandbox, an' o th' women looked anxious, bonny, an' smilin'. Eaur Joe's wife dressed mi button-hole wi' a whoam-grown rose, an' gettin' a cigar i' mi' meauth, an' sittin' on mi strawberries i'th' carriage, aw wur as happy an' as young as ony on 'em, an' begun o' wonderin' if aw didn't wish aw'd browt eawr Sarah wi' mi after aw.

Neaw it's no use gooin' to a picnic unless yo con mak a foo o' yo'rsel!

Aw dunnot meean a noisy foo, a drunken foo, a crazy or a spoonin foo,—the're o best left awhoam. But aw meean a gud tempered, rollickin', frollickin', happy foo ; whose presence is joyful an' laughter infectious. Ther's sum foak whose life has gone beyond th' allotted span, that's getten no mooar heart in 'em than an Egyptian Sphinx, an' have noather care nor thowt for onybody's pleasure or comfort beyond ther own doorstep. A mon at connot relax his business an' go-to-meetin' features neaw an' again for a bit o' innocent fun an' amusement is worse than an occasional foo, he's a born thick-yed,—a born foo ; i' short, a picnic witheaut a foo or two is a foo of a picnic. Neaw o ut happened to get favvored wi' an introduction to th' mystic "eleven-sixty-one" seemed to be imbued wi' th' same idea, an' cum ready prepared to tak ther share i' a jolly picnic party. This bein so, maks things unanimous, an' dispenses wi' o ceremony an' formalities. Drums, speigken trumpets, tambourines, an' papper noses are distributed, an'

> "Fun, takkin howd o'th' reins for th' day,
> Ascends his car, an' mirth asserts its sway."

Reachin Alton we're met bi th' "Duke's own band," which played us up to th' "Shrewsbury Hotel," wheer ther's gud accommodation ; an' everythin' bein' prepared befoorhond, an' waitin' eaur arrival, we're soon engaged i'th' dispensin' line ; an' ther're not a 'prentice hond shown amongst th' lot. Music may be th' food o' love, but aw connot see ut it's in any way comfortin' to a hungry stomach ; an' when at th' important biz'ness ov attendin' to th' inner mon, th' passin' joke or laugh of mi neighbour is moor music to mi yers than a batch o' brazen trumpets, blowin' slow an' deliberate music i'th' next room or on th' front durstep. An' I would suggest to onybody ut has a notion o' takkin' me eaut agen wheer they ha' music to dinner, to let me ha' mi own i' a separate room, or let these fellys dine at th' same time; for aw think it's one o'th' greatest punishments yo' cud inflict upon any mortal t' insist upon his blowin' deawn a tube at th' same time he's compelled to inhale th' fragrance of gud things fro' within. An' aw don't think it's at o a good thing for th' disgestshun, for anybody t' have an ophicleide or two, an' a trombone or two shakin' his *diafram* o th' time he's gettin' summat t'eat.

What does Professor Huxley say on this peignt?—Aw dunno' know, but it's a too important matter t' be neglected.

Well, th' luncheon o'er, eawr Prince of ceremonial directors is soon on his feet—glass in hond—an', wi' eawr permission, begs to propose th' first toast, which is followed bi several others, aw most too numerous to mention, an' th' wine bein' good, they wer drunk wi very little coughin'. This important part o' th' meetin' o'er, we shape off—some a-foot an' some i' coach—to th' Alton Towers, for an inspection o' th' greawnds, dancin', an' other refreshments. Hereabeawts it wur aw geet a couple o' grazed shins, one bruised elbow, an' mi cooat collar hangin' by a thread; aw caused by tender feminine solicitude—a woman howdin' on to me as aw're balancin' mysel' on th' eend step ov a wagonette so at aw shouldn't fo back'ards. Well, th' greawnds are beautiful; nicely terraced, weel wooded, an' undulatin'. Ther's cascades an' fountains, an' ther's th' statty of a chap wi' an inscription 'at says—" He made the desert smile." An' he did too! if this 're a desert afore he begun for t' tickle it up. Well, we hadn't th' pleasure—not to mention th' honour—o' payin' eawr respects to his "Lordship o' Shrewsbury," but we had to his yed gardener, as is a fust-rate genial chap—so it 're just meet as good. An' at after moor recreayshun an' things, we sheared off to th' station, preceded bi th' band playin' "Should owd acquaintance be forgot," after which they emptied th' condensed *John Barleycorn* eawt o' ther' instruments, sheawted hooray, and went off. An' it wasn't lung afore we reached whoam, after spendin' one o'th' pleasantest days it has ever bin my pleasure to record, an' may aw have th' same chance neaw an' again, as weel as anybody an' everybody else 'at enj'ys enj'yment o' this sociable nature!

PROSPECTING.

Gettin' (Thro') A-Gate.

Did yoa ever deppytize on a picnic deppytashun, that is, gooin' to mak arrangements for thoose uts to coom after, while for th' time bein' yoa dunnot forget yoarsels? If yoa hannot, th' fust time yoa've a chance, thrutch in, even if yoa pay yoar own ex'es. Aw'd a do o' this sooart last Sunday (well, if it wur Sunday, ther's no 'casion to mak a noyse abeaut it, it wur th' mooast convanient to mooast on us, an' we tuk a "Scotch Sarvice" wi' us, an' that's gud enoogh), an to my thinkin' it's a good deal better than th' picnic itsel'. It's o very weel to ha' representatives o' th' varyious millinery an' dressmakin' establishments, brass bands, an' polkyfyin' an' shottishin' till yoa havn't a dry rag on yoa, but yoa cannot ha' that pleasure that a lover o' natur' (an' stoppages) has. Th' one's gay an' giddy, t' other's thowtful an' sublime —an' we had th' thowtfullest deppytashun that ever went forrud to see an' prepare; that is, as far as conducin' to aytch other's comforts wur concarned.

Well, we numbered seven o towd, o gud men an' true, eaur destination bi train bein' to Chapel-en-le-Frith, an' fro' thence bi carriage an' road to Castleton. Them 'at has never bin this road, which is so easy ov access, owt never to think o' leeavin' for th' "Land unknown" afoor knowin' mooar o' th' land they call ther own. Drivin' across th' hills, beneath another range ov greater height, yoa hav' a broad an' expansive view across a magnificent valley to yet another distant range. An' lemme tell yoa ut ther's nobbut one heause ov call on th' road, an' that's not oppen on a Sunday, so yoa cannot get far wrung. But ther's a trough o' pure mountain spring wayter, an' here, aw may tell yoa, we held a short Scotch sarvice, an' druv on mich refreshed, past Mount Torr, or th' shiverin' mountain. Neaw its supposed ut this mountain's bin shiverin' an' frettin' itsel' away fro' th' "beginnin'," but wheer it begun it's hard to say, as th' "member for Everton" ses its fo'en back abeawt fifty yards sin fust he knew it—if yoa doubt his veracity, write him.— Then for those ut likes to dive deawn into th' bowels o'th' earth ther's th' "Blue John Mine," which is well worth spendin' a hawve an heaur on th' road to see. Windin' reaund Mount Torr yoa descend into another beautiful valley i' which lies Castleton—a nice unpretentious place wi' gud accommodation for mon an' beeast, an' wonderful attractions which yoa may goo an' test for yoarsels, as awm not an advertisin' medium. After bits ov snacks at two heauses, we clambered up th' big steep uppo' which stonds th' ruins ov th' ancient castle wi' twothre new patches in. An' we luk eawt, an' wonder—an' we luk deawn an' wonder mooar! Th' gatherin' ov a simple clover i' th' ruins wur th' meeans ov a very interestin' discoorse on botany, bein' delivered bi one o'th' party, an' i' which th' "member" wer mooast particularly interested.

After yoa've getten through this bit o' wark yoa'll want yoar dinner, an' then yoa may go to Peak Cavern an' visit "Pluto's Hall."—We didn't, but geet th' horses i' harness agen an' set off to'ards Miller's Dale wi' two o'th' party sufferin' for want o' sleep, which they cudn't get. This road isno so pleasant a drive as th' other, an' but for a fortunate mistake would ha' bin void ov incident. Th' driver 'd getten onto a private road—a nice country, wooded lane—wi' five-barred gates across here an' theer, which yielded to eawr touch till th' last wer reached, an' this wer a teazer: It wer' double-hinged an' padlocked, so it cudn't be lifted off nor unlocked, an' ther're no room to turn th' horses reawnd to goo back,—but th' difficulty were solved bi eawr botanist an' a heavy stone, an' after we'd getten through, th' same two put th' things back i' ther places agen as if neawt ud happen'd. But awm thinkin' it'll tak an awful ameawnt o' persuasion t' oppen that gate again bi th' usual meeans—an' we drew deawn to th' Dale to th' astonishment o' th' natives as wanted to know "heaw we'd getten through that gate." Havin' an heaur to spare gan us that mich time to ramble abeawt this pratty spot, an' shortly at after a London express put an eend to a pleasant deppytizin trip bi londin' us back amung eawr native smook.

IN THE COUNTRY.

> "I love the merry, merry sunshine,
> It makes the heart so gay."

An' when sarved eawt wi' a bottle o' "sparklin" or "magum," it maks it effervesinly so. This aw speigk fro' experience, havin' had two-three doses lately. *It had used to be brimstone an' traycle at this time o' th' yer.* Aw con recommend th' prescription to onybody ut knows onybody ut'll find th' *bottles*; i' fact my physician, *Dr. Asquithmaddickanwalker*,—yoa may think this is a Dutch name, but it isn't—has so mich faith in't that he's bin known to leeave his bed an' answer th' bell after midneet for th' purpose o' givin' "bottles" away to thoose sufferin' fro' "depression an' weak legs." But, as he ses, he's had so mony "emptys" returned lately (which is suggestive ov further calls an' new customers), that he's afeard he'll not ha' sufficient left for th' maintenance ov his own salubriousness durin' th' season, an' he declines on Wilfrid Lawson's greaunds to continue th' supply, an' recommends o th' owd customers to tak a *bit* moor o' one an' a *drop* less o' th' other. This we tried i' company o' Sunday last as a soart o' quality test, an' it wer as gradely a Sunday morn as ever mon cud wish to see. Th' sun wer shinin' wi' o its spring splendour o' sunshine fro' a blue an' cleaudless sky. Th' brids wer chirrupin' an' flitterin' abeaut as if i' very ecstacy at meetin' so soon ther owd an' cheerful friend. Th' "modest daisy" (aw *saw one*), wi' widely oppened petals, luked bowdly up as if revellin' beneath his radiant smiles. Th' very trees, fro' th' stunted *fayberry* to th' spreadin' chestnut an' lanky poplar, wur buddin' forth ther signs o' welcome, an' as we sauntered on meditatively thro' Swinton Park th' music o' sweet bells wer wafted gently o'er fro' th' tower o' th' distant church,—an' hawve-a-dozen fellys i' clogs playin' hop, step, an' jump, completed th' pictur an' made o perfect.

Leeavin' th' heauses o' th' rich an' great, we cum uppo' thoose ov humbler state, an' stonnin' i' front o' one on 'em, mi thowts revert to th' "Collier Lad," an' aw began—

> "The cottage was a thatched one,
> The outside old and mean;
> Yet everything within that cot
> Was wondrous neat and clean—"

"Aye," broke in th' doctor, "they'd used to be that cleean 'at yoa cud ayte yoar dinner off th' flure, but when th' strike wur on here, ther' 're a lot o' colliers imported fro' Staffordshire, an' neaw yoan getten to pike yoar way abeaut." Wendin' eaur way reaund bi St. Peter's, we're just i' time to jine th' ranks o'th' losein' congregation, an' walk thro' th' village to dinner wi' a make-believe-bin-to-church soart ov expression on eaur keawntenances imposin' enoof to lull suspicion and to defy questionin'. After dinner it wur arranged 'ut we shud supplement this ramble and revery, bi a drive reaund t' country i' another direction. So th' "Brooam" wur ordered up to th' dur, an' as we stud on th' side-walk lukin' at th' horse, an' wonderin' if it 'ud be safe to trust sich precious lives as eaurs to its keepin', it (as if divinin' eaur thowts) turned its yed, an' at after a careful an' approvin' luk, gan a significant whisk ov its tail as if expressive ov its wish to accept wi' pleasure sich a fashionable looad o' responsibility. An' trusting to *its* kindness an' th' strength o' th' *springs*, we geet in, an' off we goo drivin' through "Linnyshaw," wheer aw shud think th' seaund o' carriage wheels is seldom yeard, for th' cottagers cum runnin' to ther durs an' gathered together i' little creawds o' gossipin' curiosity, an' aw dar say, if truth wur known, set us deawn as bein' sum grand folks fro' th' teawn—Members o' Parlyment, Cabbin-it Ministers, or summut—but we wurno. "Hello, what place is this?—Walkden Moor—then we mun gi' th' 'mayor' a co."—"Aye," ses th' doctor, "we'll gi' th' 'Hotel' here a co fust, for a B. an' S., an' enquire as to his wheerabeawts." This, mind yoa, was prescribed unexpectedly, but "th' doctor" said he thowt a little mixture 'ud do us no harm, as we'd bin a good while beawt. Yoa see these doctors con mak' convenient excuses at onytime. Well, we had *one* an' geet to know th' *other*, an' made for th' "mayor's" residence, but bein' informed he'd gone to see his *mother-in-law*, we moved forra'd, orderin' th' driver on to Worsley. An' we had't bin gooin lung afoor we met th' mayor an' mayoress, an' th' heir an' th' heiress—well, awm not so sure abeawt th' latter, but it seaunds well i' writin'—as 'ud bin havin' a walk. He seem't a bit takken aback at so unexpected a meetin', an'—an unusual thing for him—wur lost for speech. Recoverin' a bit, he sed, "Well, aw've getten th' *key*," but we assured him we wur on th' strict Q.T., an' as ther're abeawt a mile an' a hauve between th' Key-an'-th'-Cupboard, we preferred gooin' on to Worsley, wheer we intended co'in' at th' Ho'.—But we didn't, an' tuk th' "Grapes" i'stead, just for th' sake o' givin' th' horse a rest, nothin' moor, aw assure yoa. This is a lovely bit o' country reaund here, an' aw mean to fut it a bit later on, when—

"Fair Flora decks the flowery ground,
And plants the bloom of May."

An' as aw cudn't wish for better company than th' "Doctor," aw hope he'll be weel an' willin' to fut it wi' me. Th' horse did its wark gallantly, an' th' springs bore up weel, an' after tayin' at "Askwith Ho," an' another heaur i' th' oppen, a strung tratin o' resolution, browt mi day's ramblin' to an eend.

RARE DOIN'S AT "EAWR SHOP."

Ther's bin some rare doin's at eawr shop this week, th' occayshun bein' one o'th' guv'nors givin' one ov his dowters away i' marriage. An' so ut they shudn't have oth' pleasure to thersels i' celebratin' sich an event—it bein' fust i'th family—they kindly gan us o a day's holiday an' summat i' eawr honds to rejoice wi'. So we at once't began to spread eawrsels eawt i' different directions for duly enjyin' th' same. Aw went in for a pic-nic to Disley wi' *eawr clerks*. Neaw eawr clerks—well, aw reckon ther like onybody else's clerks—to see 'em at ther wark yoa'd think the're a lot o' tract distributors. But get 'em eawt, fit 'em up with a big cigar an' a twothrey other et-settras, the're a fine lot o' fellys,—a few on 'em summat between a lad and a mon, but o a mon's ways,—a bit spare i' build, but gud uns to feed. One on 'em a bit thinner than his mates, reminded me ov owd Ralph's pig. Owd Ralph 'ad getten a pig as he sed lickt o'th' pigs 'at ever *he* coom across. He cudn't mak' it eawt at o.—Feed it as he wud it noather grew bigger nor thicker, an' not an ounce o' fat cud he get to hang fro' its booans.—One day, he thowt he'd try wot it would do, so he filled its trough twice o'er, which were as quickly emptied beawt ony apparient signs o' distress uppoth' pig's part, so—as a sort o' measurement test and to satisfy his curiosity—he geet howd o'th' pig an' put it i'th' place wheer its meight 'ad bin a minute afoor, an' to his astonishment, fund that th' *whole pig* didn't hauf fill th' trough it 'ad emptied.

Well, we started off i' a buss and five, as wur furnished bi

"Cockshoot," and druv alung bi Oxford Street, an' reaund bi Barlow Moor, past th' church wheer th' ceremony ov *Aw will* wer bein' gone through, an' aw never seed sich a stir as ther wur, creawds o' folks an' scores o' carriages, weddin' favvors and fleawers bi'th bushel. John, th' coachman, as wur leadin' up, had getten a bokay o' fleawers i' his breast as big as a hay cock. That ud happen account for th' scarcity o' fleawers i' th' neighbourhood that day, for sum ov our party wantin' one for th' button-hole cud get neawt nearer than spring onions. Ther're act'ally a chap sellin' white gloves, but aw'd getten a pair wi' me as aw allus carry for cases of emergency. Aw wonder if th' Duke o' What's-his-name 'ill ha' sich a grand do. Ther're a chap towd me ut it wur th' biggest affair o' that sooart they'd ever had i' that neighbourhood; an' aw dar' say it wur. It wouldn't be reet to pry into th' thowts o' thoose as wur, ov course, mooastly women, so aw think aw'd better leave 'em, an' keep my own thowts as to wot they thowt to mysel. After gettin' a glimpse at th' Bride an' Bridegroom, we drive on through Cheadle, Stockport, an' a lung stragglin' sooart o' place bearin' a very nice name, but a rough and tumble appearance. On a buildin' aw saw marked "The Village of Hazel Grove, 1796," but aw'm mich mista'en if it isn't a public heause. Aw wur towd soon after 'at this notice 're put up t' stop folk fro' co'in' th' place *Bullock Smithy*. Th' tale gooin' 'at a clever blacksmith belongin' to th' place had invented a patent plan for shoein' bullocks an' so th' place coom to be co'd bi' that name. My informant didn't say whether it had bin altered to Hazel Grove bi Act o' Parliment or what.

Reachin' Disley we, of course, put up at th' "Ram's Head," wheer theer's every accommodation for mon an' beast i' ony quantity (accommodation aw meean ov course) an' gud attendance. Neaw, if ther's onybody 'at likes to see anybody enjy thersels, aw'm one on 'em, an' if aw say 'at we enjyed eawrsels after eaur own fashion, that's enough for onybody 'at isn't troubled wi' a superabundance ov inquisitiveness to know.

After dinner, aw'd th' honour conferred on me ov proposin' th' health o'th' Bride and Bridegroom, an' as near as aw con remember, aw sed—and if aw didn't say o 'at awm sayin' neaw, aw *shud ha sed it*, so it comes to th' same:—" Mestur president," aw sed—"awm not a born orator, nor ever shall be—at ma time o' life—an' yoa've completely knockt th' wynt eawt o' mi sails bi co'in uppon me to propose so important a toast. It's fust time i' mi various travels thro' life an' different degrees ov society 'at aw've bin axt to do sich a thing. Yoa know aw nobbut geet a glent o'th' subjects o' this toast to-day, an' aw dunno think aw shud know 'em agen if I wer to see 'em to-morrow, an' its a difficult matter to say mich abeawt folk yoa know little abeawt.—Aw've known it lead up to th' law courts !—This is an occasion uppo' which every virtue on booath sides owt to be extolled an' cheered, an aw ax yoa theerfore—i' th' absence ov moor precise information—to tak' it for granted that they possess every virtue to which th' human frame is liable, an' that ther joinin' hands to-day may truly be a mutual bond ov luv, an' ther life a continuous honeymoon to th' eend o' th' " chapter." Aw now ax yoa to rise an' drink a bumper to th' health an' happiness o' th' Bride an' Bridegroom, an' lung may be ther days." This wur done, an three cheers thrown in ; an' wur follo'd on bi an heaur or two on th' bowling green, th' result bein' 'at three or four ov " eawr clerks " are gooin' at once't into trainin', havin' accepted a challenge to meet th' " Karsey Moor Champion " on his own greaund.

O together, a very pleasant day wur spent; an' though one dosen't allus like partin' wi' one's childer, when it has to be it's to be hoped it's for ther own good; an' for my part aw dunno care heaw soon ther's another goo's fro' "eawr shop," if it's supplemented bi another eawt wi' "eawr clerks,"—cos they seem to like it!

R-DICK AT THE SHOWS.

Dear Mestur Editur.

Yoar timely, costly, an' useful Kesmus parcel ov a numbrell an' pair o' clogs, cum duly to hond, an' when aw tell yoa that they've figured i' one week at three pantymimes, a circus, an' a banquet, yoa connut complain o' ther' bein' idle, tho'th clog belungin' to'th' reet fut is at present laid up for repairs, havin' met wi' a accident thro collidin' wi' a pair o' shins as belunged to a chap as wudn't shift 'em till they wur knockt fro' under him; an'th' numbrell's wantin' a new stick an' ferrule to it thro' gettin' run o'er wi' a cab i' Oxford Street as're bein' driven at a furious rate wi' nine passengers fro' th' Arts Club; as may expect to yer moor on't fro' my solicitor, as th' time, number o'th' cab, an' th' cargo are weel known—an' a 'appy lot they are!

If aw sed owt at o obeawt th' pantymimes it ud be to advise everybody to goo an' see 'em, for the're abeaw th' best batch we've ever had—amung a mony gud uns. Yoa'll find clever childer, gud singin', fust rate actors, funny sayins, splendid scenery, magnificent dresses, bonny lasses, grand marches, pratty dances, an' wonderful jumpin'. An' if yoa connut mak' a gud an' palatable bitin'-on eawt o' that yoar very hard to pleease, that's o ut aw know. At th' circus ther's a bull as cums ov a famous Keawnty Family. Aw connut say if it's ancestors coom o'er wi' " Richard Conqueror " or not, but this un jumps o'er five-barred gates, an' through blazin' hoops; an' finishes up his performance bi stondin' uppo his heend legs i' a carriage, an' drivin' a pair o' ponies eawt o'th' ring.

An' ther's a splendid pair o' thorough-bred, highly-trained horses, as a chap sed as wur wi' me, ut he'd rayther kiss than any woman. Well, tastes differ.—Mine does! They've getten beside a performin' elephant an' other novelties as ud weel repay a visit.

Aw wur gettin' a bit o' dinner t'other day wi' a couple o' friends at th' "Broad Atlantic," an' at th' same table wur set three or four forriners uv a very proneaunced type, whose theme o' conversation were th' different qualities possessed bi sum o'th' leadin' actresses neaw engaged at th' theaytres, i' this city. An' th' estimation i' which they personally wur held by 'em, an whose confidence they enjoyed. One o' these chaps i' pertick'lar seem't struck wi' one as leeads up at th' "Queen's," th' very mention o' whoose name seemt to send a thrill ov jy through his heart, an' mak' him seaund lame under th' hat. One o' th' party a bit owder than th' rest, as 'ud getten a gud share ov a turkey on his plate, wi' which he favvored havin' a bit ov a bother, suddenly dropt his knife an' fork, an' sed, "I object mosht shdrongly to have sho many curls do my tinner. Vat I vant ish dis piece of durkey, for vich I expect dey vill sharge me doo or dree shillin', and all you dink about is curls. It vas a curl here and a curl dere, an' I vud rader have beace." An' that piece o' turkey wur conveyed to his masticators between finger an' thumb o' booath honds.—*Awd had my dinner!*—an' left to meet "Mums o' Bodega," promptly.

A DRAMATIC FETE.

O' Friday last aw scrambled alung up to th' greaund o' th' M.F.C., at Whalley Range, wheer ther're a fut-bo match an' dramatick fate bein' held bi th' actors an' actresses fro' th' Manchester an' Liverpool thaytres, for th' benefit o' th' Children's Hospital, i' Pendlebury. An' tho' th' weather wer very fine o'er yed, ther'd bin sich a splash th' day an' neet afore as made it rayther uncomfortable for walkin purposes. An' heaw th' "kickers" managed to keep up as weel as they did is a mystery to me. Aw've no doubt ut th' previous wet kept a gud mony away ut 'd otherwise ha' bin pleeased to grace so laudable a charity bi ther presence. As it wur, ther're a very fair attendance, an' th' elements o' fun bein' kept up at a high pressure, thoose ut wer theer 'l never forget it, an' thoose ut worno theer, but now wishes they had bin, con fancy a lot—an' if ther fancies pleease 'em, send a correspondin' contribution to th' treasurer at oather ov eaur respective thaytres.

Aw've bin at mony a bazaar, an' turned eawt moor than once't wi' neawt left but mi knife an' snuff-box, an' ony once't wer these remains increased, an' that 're bi a "Cake o' Windsor," as aw drew eawt ov a "lucky bag," for th' pleasure o' dippin' into which aw had to pay a shillin'. But th' mooast successful plunderers—pleaders aw mean—fur a charity, wur thoose o' Friday. Mon or woman—the're one as bad as t'other—yoa cudn't resist 'em. An' aw hope, shud they ever agen be co'ed on to tak' part i' a similar entertainment, ther pleadins 'll prove even moor successful, an' ther returns be increased ten-fold. They every one worked hard, enj'yed th' job, an' they desarve it.

Well, when we geet to th' greaund they wur agate wi ther "fut-bo," which wur won bi th' Liverpool teeam. It wurno th' "Rugby gam," so ther 're no accidents to report. They luked weel i' ther different colors, an' sum on 'em didn't seem to care which way they kicked as lung as they did kick.—Not turnin' up to rehearsal aw reckon. Th' fust chap ut accosted me wer a scampish lukin' felly i' battered hat, patched clooas, no collar, an' a red nose (Mr. Harry Liston), sellin' matches, an' pickin' up cigar stumps, an' he're doin' a thrivin' trade. He started sellin' at "a penny a box, sir," but th' demand bein' great he had to cum to "three a penny," (*matches*, mind yoa, *not boxes*) an' his trick ov showin' "summat yoa never seed afore" drew in th' coppers. Th' next chap as 'd getten a ring reaund him wer a tall thin felly i' a big "get-up" an' a lung hat, sellin' tips for o' th' "comin'-events," at "tuppence each, gentlemen, three for sixpence, or the lot for a bob." His acquaintance wi' Fred Archer, an' his eloquent discourse on that gentleman's abilities, landed th' coin beautifully. Aw yerd him co'ed "Shadow," "Clooas prop," "Booans," (Mr. C. Stevens), but it matterred nowt, he talked on. Aw geet three o' these tips, an' aw think ut—well, aw paid for 'em, an that's enoof. Then coom a Savoyard (Mr. Thornton) an' his monkey, as wer ticketed "First Prize." Th' monkey wer th' biggest o' th two, an' he'd getten a cheean reaund his waist thick enoof to howd th' "Great Eastern." An', mind yoa, aw saw that "monkey" *have a drink!*

These 're followed bi a troupe o' Christy Minstrels, dressed i' color'd saeside garments. Gooin' on a bit fur, aw wur collared bi a chap whose life aw once't saved coomin' fro' "Belle Vue" (Mr. J. Bracewell),—an he knows it—as sed aw mun goo an' see ther show. An' as t' proprietor o' th' show (Mr. Stimson) guaranteed 'at th' "play" consisted o' three acts ov five minits a-piece, wi' a suicide an' two murders i' every act, aw wer indooced to tak' a sixpenny front seat—which aw fund stondin' up at th' back—an' wer perlitely honded o'er th' barricades bi a "smilin' villain" i' a jockey cap an' silks (Mr. J. K. Walton), an i' less than a minit at after ther're a "bonny lassie" pinnin' a flower i' mi button hole, for which a further sum wur demanded. The play wur co'd "Th' Rosebud o' Stingin' Nettle Farm," but th' "Rosebud" (Mr. A. Rich) favvored moor ov a full-blown red cabbitch than a rosebud.

Aw next went to "Manager" Tate's show—escorted bi th' biggest mon i' th' company, Mr. J. Wainwright. But wot th' "piece" wur o abeawt aw dunno' kno', as aw only saw th' deadly combat an' blue fire at th' finish, mi feet beein' cowd. Aw next visited "Percy's" saloon, fro' th' Clarence, o' Piccadilly, an' geet a drop o' *Caledonian Comfort*, an' some musical refreshment.

O this time th' ladies wer plyin' ther trade an' dooin' a roarin' bizness eawtside. Manager Emerson wer to th' fore as usual, an' havin' bowt a stock ov toffy-humbugs fro' a dealer on th' greawnd as wer likely to hav' 'em left o' his honds, he tuk a lady partner (Miss G. Huntley) into th' bizness, an' i' thirty minits they'd sowd up an' cleared fourteen shillin' bi th' transaction. This is only a sample o' th' profits realised by these fair creatures, an' though aw've getten other particulars relatin' to individual sales an' takkins, it ud happen be as weel to leeave it until it's presented to th' public i' proper an' correct form. A Glee Party added considerably to th' pleasure o' th' afternoon. An' tho' th' band o' th' "Queen's Bays the magnificent" had scarcely a chance, wot they did do wer weel done, un' listened to wi' general appreciashun.

Well, luk here, folk, i' after years, when th' scene has changed, may yoar hearts warm wi' th' thowt ov havin' done summut for thoose of whom it has been said "Of such is the Kingdom of Heaven." An' aw tell yoa agen ther ne'er wur sich times since plum puddins 're invented. An' aw met just as weel ha' gone whoam wi' mi' pockets inside eawt for what these wheedlers had left in um—an' that proves it!

R-DICK AND THE "PRINCE."

Thanks to "eaur Sarah" an' Cheshire Lines, aw geet mi clogs, swallow-tail, dicky, an' settera's o reet, an' gettin misel weel fix'd into 'em aw set off i' company wi' "Bob o' th' missin-link," "Billy o' Walker's," an' "Watty o' Nicksey's," as body guard to keep mi appointment wi' ther Royal Highnesses th' Prince an Princess o' Wales, an' jine i' th' procession on to th' dock openin' ceremony at Bootle. But bein' a bit too late for th' fust, an' not carin' to interfere wi' th' order o'th latter—ther's so mich jealousy i' these things— aw wur contented to stond agen a barrier bi St George's Ho', an' witness th' Royal party pass, which they did at a gentle trot, wi' a row o' twelve policemen abreast runnin' at th' front, follered on bi a lot ov Hussars on hossback, an' *Huzza's* an' cheers fro' windows an' pavement.* Th' Princess lukin' pleased an' beautiful, an' th' Prince smilin' an' robust.

It wur reet r'yal weather, owd "Sol" shinin' eawt i' o his glory as if he too wur glad ov a holiday, an' 'ad takken this opportunity o' once moor makkin' it known 'at he wur noan above givin' a hond to mak' things pleasant now an' then.— Aw wish tha'd let thi face be seen a bit moor amung eawr fielts nar whoam, owd lad.—It wur a grand seet, an' aw felt mi heart bump agen mi ribs wi' delite at th' thowt 'at we cud afford to let Royalty pass through eaur streets beawt blowin'

---

* When the windows and pavement display their loyalty it must be very satisfactory.—It is one of those things they *don't* "manage better in France."—There they make barricades of them.—Ed.

R'Dick has just seen this foot note.—He made remarks! But the foot note remains on its native heath, unless removed by force or strategy.—Ed.

'em to pieces. Lung may they live, an' me too—selfish, may be, but true.—Aw co'd eawt to Lord Darby and Lord Hartington, as wer sittin' t'gether, ut aw'd follow 'em on, un aw pushed mi way through as gud tempered a crowd as ever a geet into, till aw geet to th' landin' stage, wheer aw arrived just i' time agen to be too late, they havin' started deawn th' river on board th' ferry boat *Claughton*, as had been tittivated up o' purpose.

O'th' shippin', booath i' th' docks an' th' river, wur gaily sportin' ther buntin' fro' stem to starn, so we had to fo' back uppo', an' into a "four-wheeler" as wur drawn bi one horse, ov noble blood and slender frame, and driven bi a red nosed chap ov Herculean ditto, o'er as rough a set o' boothers as e'er wur laid together, to'ards this new dock an' "luncheon." Th' "missin' link" wur put uppo th' box wi' th' Bardolphian driver to warn o other traffic eawt o'th' way, an' thus we rattled on till we'd getten a bit moor than half way on th' road, when eawr "high mettled racer" tuk a sudden fancy to layin' deawn an' breakin' th' shafts on his way theer. This bit o' mountebankin', bein' unexpected, sent th' "missin' link" flyin' o'er its yed, an' "Watty," who had bin sittin' opposite to me came wi' *his* yed sich a bang agen my face as to tak' it, alung wi' his own, through th' windy beheend me, an' Billy wur discovered hangin' like a "gowden fleece" half in an' half eawt o'th' cab gaspin' for summut.—Owt!—A "druggist publican" bein' close by, this wur soon getten', an' after we'd o bin weel "soda'd" together agen, we started off to finish eawr journey on fut. This we accomplished after many stoppages, an' desperate efforts to pass "medicine shops," just abeawt an heawr too late for luncheon. My luck, allus a bit beheend. But we met a chap as wurno, an' he show'd us th' "bill o' fare," an' that wur summat, so we turned back, an' lunched on "hokey pokey" an shrimps. "This," said 'Watty,' "is fit for any Prince," so *Prince* he wur dubb'd for th' rest o'th' day, an' weel he played his part. Hailin' a Hansom we o four geet into't, an' druv back amidst th' cheers an' laughter ov an admirin' multitude, which wur responded to bi *Prince* 'Watty' gracefully raisin' his hat an' bowin' on o sides. Havin' supped at th' "Stork" an' dined at th' "Garter" we made for th' "Compton," wheer th' *Prince*, i' respondin' to th' toast ov his health, expounded his views on th' natur' ov railway akcidents an' Lord Derby. Sum'dy coein' eawt *catty-watty*, he subsided, an' we left bi a side dur to keep an appointment to show a party reaund to th' loominations. But bein' agen too late aw waited later an' later, till aw never saw 'em at o, whol' th' *Prince* an' Billy set off in a cab to drive reaund, but i' a while th' cabby turned up beawt 'em, sayin' he'd lost 'em, un cud giv' no akeaunt ov 'em, nobbut he wanted his fare, which he're tryin' to get eawt o' th' "missin' link," cos, he sed, he knowed him. Th' lost uns just then turnin' up resulted in th' *Prince* an' th' Cabby havin' a luvin embrace, an' ending wi' th' Cabby bein' put eawt o' one dur whol sum'dy druv off wi his cab as wur standin' at another. Th' *Prince* afterwards complained ov yed-ache, an' no wonder. Whot wi' change of air an'—well, if that's not enjying yersel aw durnt know whot is. But never no moor, *Prince*, no moor; well, not at present.

ON THE TILES.

A Burglar Hunt.

Last Setterday afternoon I set out for a bit ov a walk, an' abeawt an heaur at after aw run agen th' "member for Everton-road" i' th' Central Stashun, at Liverpool, as wur gooin' a fut boin wi' th' Birch lads up to Walton. An' though he assured me it ud be as good as a new hat for me if aw'd nobbut goo wi' 'em, aw pleaded a recent purchase fro' another shop, an' at wot aw stud just then mooast i' need on wur mi dinner. Aw axed him if he couldn't spare me one o' thoose new hats 'at he *hadn't* won, th' last fut-boin do 'at he 'ticed a poor innocent to. He said he "didn't think that 're mich ov a joke."—an' aw agreed wi' him theer. At after two thre moor tries we parted. Him off by train an' me to mi dinner. That concluded to mi satisfaction, aw set off i' sarch ov other scenes, an', as it turned eawt, adventures new, which aw met wi' abeawt—well, th' exact time doesno' matter so mich—i' th' shape ov a burglar hunt, as coom abeawt i' this way.—Aw wur havin' a bit ov a chat wi' my friend, Mestur "French," i' his drawin' room, alung wi' "Ben o' th' Black Watch," as wears a medal for sarvices rendered agen "Ketch-a-way-o," when Missis "French" comes rushin' in, an' axes th' mestur if he's bin upstairs latly, which he says he hasn't. Then—hoo ses "If you havn't some one else has, and we've been robbed."—Mester French sed summut as seaunded a bit emphatic, rushed off like a brewer's horse, and coom back swattin' like a bread van, howdin' a wooden wedge i' his hond as ud bin knocked under an' screwed deawn beheend th' dur, an' sayin'—"True, true, too true. We've had burglars, and I am afraid they have got clear away with their booty."—Booty ! Dooty's the word "—sed the " Bowd soger boy,"—doffin' his coat an' medal, so as they shouldn't get damaged.—" Prepare for action ; follow me,"—an upstairs he flew.—" Reet, my lad," aw sheauted, "Awm wi' thee, if nob'dy else is ; lead on, awm allus best as second at a job o' this mak'."—We geet into th' room to find ut ther're a lot o' jewellery ud bin ta'en, tho' th' thieves had missed th' cash box. Eawt we went on to th' roof, thinkin' we met o'ertak' sum'dy theer as had no bizness, sojer gooin alung one side an' me on th' othur, till aw geet so far away ut aw wur at a loss heaw to get back agen. Not a burglar to be seen, an' he bein' eaut o' mi seet, aw wur bothered to know as to wheer aw'd started fro', an' bein' feared ut aw met happen get into th' wrung heause, aw held on to a chimbly i'th' hopes ut aw'd soon be missed below, an' aw'd stop theer till aw're discovered. It wur a puzzle to me heaw the hangman aw geet theer at o, as aw'm mich averse to sich elevations. It mun ha bin bi excitement, an' aw didn't feel like gettin' back th' same road. If aw'd bin a brid aw met ha' flew off, or if aw'd bin a flea or any other soart ov acrobat aw met ha' jumped off. But if aw'd attempted oather one or t'other mi goose ud a bin cooked to a certainty. An' mi credittors wud hav' attributed it to bad motives an' sed aw meant it !—So aw clung on, wonderin' wot sooart ov a seet sunrise ud be fro' sich an eminence, un if aw shud ha' th' pleasure o' stoppin' theer till aw'd seen it.

Whol aw're thus roominatin' aw yerd a voice co eawt—" R-Rick, R-Dick, where are you ? "—" Eh, bless that voice," aw answered, " A'wm here—up here. An' here aw'm likely t'stop till sumb'dy shows me th' road to leeave it."—"Is that you, you up against the chimney?"—"Aye, it's th' same chap, aw'm sorry to say. Han yoa getten th' othur fellies?—drat 'em."—"We've got two here, so come down quickly, you're wanted."—"Aye, yoa should ha' sed that befoor aw coom here, but heaw am aw to manage it?"—"Well, come straight down into the gutter (that's just wot aw're feared o' doin'), an' walk along about th' length of four houses (yoa see aw'd been travellin'), and then cross to the other side, and there you are."—"Aye! —aw wish aw wur!"—So aw cowered me deawn, same as aw've seen wimmin do when slitherin' deawn a bonk, an' aw slid deawn into th' gutter o' th' roof, an' scrambled on o' mi honds an' knees till aw thowt it're time to be crossin'.

PART II.

So streightenin' misel up aw began with wakkerin' legs to clamber o'er to th' othur side, an' wur dooin' fairly weel till aw'd just getten o'er th' top an' wur gooin' very carefully deawn, when *Crash*—an'—as chap sed when he're steppin' i' th' dark on to whot he thowt wur a nice bit o' greaund to get a gud view ov a factory as wur a-fire, but fund it wur th' canal— "Aw'm i' th' cut, bi-guy."—So it wur wi me, nobbut my unsure futin' wur a skyleet, which browt me deawn wi' a bang as shuk th' roof agen. An' theer aw wur, stuck fast, wi' one leg danglin' thro' th' brokken square, an' th' other part o' mi 'natomy disportin' itsel' on th' slates.—"Lor' a marcy," aw sed to misel,—"I m in for it neaw, chus-heaw. Winno ther be a hullabaloo.—Howd a bit!—Excitin' amoosement— burglar huntin'—Spesh'ly when yoar left by yoarsel' an' get trapped o' this 'ns.—Nice game (rayther hee, tho'.)—It isn't everybody ut gets a chance o' playin' a drum solo wi' ther elbows on a roof at midneet."

Then ther're a glimmer o' smo' leets flickerin' abeawt, accompanied bi a sheautin' o' "Police;—murder;—thieves!" An' a pair o' honds geet howd o' mi fut an' ga' me a jerk as made me skrike agen.—"Here here," aw sheauted, "stop that, yoa hanno' getten howd ov a bell rope; howd on, howd on a bit."—"That's just what I mean to do my fine fellow,—police,—thieves." "Howd thi noise mon,—ther's noather one nor t'othur abeawt."—"Who are you, and what do you want here?"—"Well, aw'm an entire stranger abeawt here aw con assure yoa, an' what aw'm wantin' mooast is a friend as'll see me reet to"——"Bridewell, certainly,—police!"—"Neaw, this is noather time nor place for jestin', so if yo'll kindly gi' mi that leg up or help me wi' this othur deawn (aw dunno care which, as lung as I con get 'um booath together), an' then see me to Mester French's, aw'll be mich obliged to yoa, an' reward yoa handsomely."

Well, after further explanations, th' chap eventually tuk in th' whole situation, an' laafingly helped me eawt o' mi difficulty an' tuk me into "French's." It wur only next dur, wheer ther wer two policemen, as 'ud bin co'ed in, an' notice gan to 'um ov what had happened. An' whol' aw're chasing abeawt on th' tiles, they'd gone quietly eawt an' collared th' two fust chaps 'ut they met, an' after draggin' 'em to th' "Lock-ups" (wheer it 're soon proved 'ut they'd never bin near th' place) browt 'em back again, an' th' hatchet o' suspicion wur buried in a tankart o' "French's" best, whol' confusion an' a speedy capture o' th' real culprits were drank wi' universal approbation. A pair o' grazed legs an' scarred elbows was o aw had to remind me th' next day ov mi fist appearance at a hunt for a burglar.*

---

* And yet our Author has never thought of applying for that pleasant sinecure, the post of Ch--f C-nst-bl-.—ED.

A LIFE'S SHORT HISTORY.

Aw feel as if mi time had come,
   An' mi innings welly o'er,
For th' gout has settled i' mi foot,
   An' mi chest, an' bread-pon's sore.

Yoa can't score mich 'i life's reaund game,
   When aches an' pain's yoar share;
For friends drop off, an' duns drop in,
   Booath which augment yoar care.

Aw've had mi share o' ups an' deawns,
   It hasn't o bin skittles;
But though awve had to feight betimes,
   Aw've ne'er gone beawt mi victuals.

Aw've nudged a Duke, an' shook an Earl,—
   Bi th' hond, aw meean of course;
Aw've strode an ass, but ne'er a mule,
   An' voyaged on a horse.

I' th' labourer's cot aw've broke mi fast,
   An' i' th' miner's nursed a child;
I' th' halls o' th' greight aw've drank champagne,
   An' i'th publics, stout an' mild.

Aw've wandered free i' foreign climes,
   As a son o' Freedom should;
Admirin' th' land o' th' Gaul an' th' Saxe,
   An' of wine ta'en nobbut good.

In that mich sung an' wept for isle,
   Aw've sailed Killarney's lake;
An' sipped what gauger never gauged,
   An' viewed an Irish wake.

A LIFE'S SHORT HISTORY.

I' the land o' th' Kelt, an' "o' barley bree,"
   Aw, a short time did abide;
An' whot the law on th' "Sawbath" bans,
   Aw got upon the Clyde.

Aw've climbed up "Taffy's" mountains, wheer
   The goats ther living seek;
An' sung "God bless the Prince o' Wales,"
   An' success to Taffy's leek.

Some gud folk aw have met an' some
   Who at the core wer rotten;
For th' gud ther's place whilst memory lives,
   An' th' others are forgotten.

Aw'm fond o' music, luv a song,
   An' honest fun enj'y;
A bowl on th' green is i' mi way,
   But not the rod an' fly.

Mi helpmeet's cheered me thro' hard times,
   An' smiled when fortin' smiled;
An' when aw sick an helpless lay,
   Hoo's nursed me as a child.

Where'er aw've roamed, or pitched mi tent,
   Though full o' mirth an' glee,
Mi heart has yearned for whoam agen—
   Owd England still for me!

Aw could like to sit ere th' set o' sun,
   An' rest—mi wark-days o'er—
To see my childer grown, before
   I seek the unknown shore.

AT CHATSWORTH.

Th' pic-nic season's fairly advanced, th' weather's favourable, an' aw'm weel set, mi only trouble being ut aw connut accept o th' invitations ut come pourin' in, so aw'm obleeged to sooart 'em eaut an' pick uppo' thoose that better suit mi convenience an' taste; th' latter bein' a very important item an' still under cultivation. An' though it doesn't ameaunt to green fat, it's mooar than once londed me *horse de combat*, wi' a bottle o' physic starin' me i' th' face, an' a hot poultice on my fut. Heawever, if yoa run th' risk yoa mun tak th' consequences, an' aw don't grumble. Better a bit o' this neaw an' agen, than continually creepin abeaut wi' jaundic'd face an' nervous step, as if ther're neawt so happy as lukin forrud to th' day o' judgment, an' listenin' to th' coffin-maker's song,—"I am waiting for thee."—Eaur Sarah's beginnin' to think same as me, an' aw've summat to do to keep her awhoam if ther's eawt stirrin. Time wer, when th' childer used to howd her beheend th' dur step, an' her spare time wer spent wi' her arms up to th' elbows i' th' wesh-tub, or mixin' brimstone an' traycle. But neaw, eh, bless yoa! at th' least seaund, or sign ov a seaund, hoo's up, an' bizzy directly; an' wantin' to know wheer we're gooin next,—an' who's gooin besides us,—an' if it's fur off,—an' "heaw lung will it tak us to goo?"—Do aw think th' weather 'll be fine, an' shud hoo have a new flower i' her bonnet, or wud a pink feather shoot her better? Hoo hopes ut noan o' thoose "stuck-up madams wi' ther board- (hoo means *boardin*) skoo lisps an' lorn-tennys jumps 'll be theere,"—an' at ther 'll be noan o' them "hee-collared smashers, wi ther tight fittin breeches an' twopenny sticks buzzin abeawt, as hoo connot abear 'em."

Well, yoa know, ther are times, an' pic-nics too, when it isn't desirable that booath on yoa shud goo,—that is, ther's nobbut room for one, an' when that one's yoarsel, aw mun confess ther's a sartin ameaunt o' strategy to be used. But, as we generally manage to agree bi a compromise, it' o reet i'th' eend. Still, aw've done a startler this week bi gettin two turns to noan, an' gud uns they wer too. Th' fust bein' wi' th' crew o' th' "Alexandra" as anchors at th' "Midway" i' Swampland—Captain George howdin' command, an' numberin' nine, ninty-three,—to accompany 'em on a visit to Chatsworth i' Derbyshire.

Mony abler pens than mine have at different times an' fro' different stond-points depicted th' mony beauties to be seen in an' surreaundin Chatsworth.—Poet an' botanist; artist an' antiquarian; photographers an' scientists; ornithologists an' geologists; American cousins an' others bi dozens, have each fund thersels sufficiently interested to sing i' its praise. But as this may reitch some as has never reitched so far, an' perhaps never yerd of its existence, aw shall just content mysel' bi tellin 'em fro' an excursionist's point o' view what aw think abeawt it, an' heau aw enjyed misel. Well then, mi program tells me ut aw've to be at th' Central Station at 8-10 a.m., an' leeave theer bi express at 8-25. An theer aw am to time, for aw dunnot believe i' bein th' last mon on th' platform, an' then thrown o of a heap amung th' toes an' execrations o' thoose ut obsarve punctuality, an' ha' getten thersels comfortably seated for th' journey. Well, aw wer soon serreaunded bi o that's beautiful i' th' shape o' fleawers an' women, portly masculine frames i' white weskits an' dapper yung fellys i' short cooats an' colored kids. Aw shook honds till mi shoothers ached; had a rub deawn i' Spiers an' Ponds; sed ta-ta to th' genial station mestur; stepped into a fust-class saloon as wer specially provided, an' then went steamin away like leetinin'—o'er viaducts; through mountains; across valleys; catching neaw an' agen glimpses o' natur's handiwark—on to Rowsley, wheer we're timed to stop at 9-36,—which we did. Here they had waggonettes i' waitin to drive us on to th' Hydro' Hotel, at Baslow, wheer "*Déjeuner à la Fourchette*" is sarved. Neaw aw've come across this déjeuner word before, an' it bothers me. Few can proneaunce it gradely—aw connut, aw allus spell it. It luks well, but means neawt. I'stead o' déjeunerin' why connut they say luncheonin' or cowd collectionin' or summat o' that sooart, then you know whot it meeans an' wheer yoa are, an what to expect. Yoa know a word's often misleadin, for instance, aw know of a mon at Heaton Moor—an' they reckon to do things i' tip-top style theer, even to bankruptcies—'at invited a friend ov his fro' th' city to come an' dine wi' him. This invitation his friend accepted, an' naturally thinkin' that he wur to mak one ov a nice little party, turned up i' evenin' dress; but to his astonishment ther wur but two sat deawn to that dinner, an' ther wur but two courses sarved, th' fust wur hash't rabbit, an' th' second wer toasted cheese.— "Neaw, just imagine," said this outraged diner-out, "gettin' yoarsel up i' white tie an' swallow tails, to feast off hash't rabbit.—A Bulgarian atrocity's not in it!"

Well, havin' "déjeunered," we set off i' scramblin fashun to view Chatsworth—abeaut a mile or mooar—under a broilin sun, an' streeamin' o' prespiration, an' which yoar beaund to reitch befoor a quarter to one o'clock or else yoa connot get through that day.—We wer met at th' gate bi' a liveried flunkey as towd us to hurry up, put eaur sticks, pipes, an' umbrells deawn, keep together, an'—when he sheauted come, to come. So we *comed* when sheauted on, an' he showed us into a grand entrance, wheer ther's numerous busts, a marvellously painted ceilin', an' a canoe as "Bobbard," th' eighth officer, sed wer used i' bringin th' fust dook o'er wi' th' conqueror, but—as aw fund eawt at after, wer a Turkish canoe as wer presented bi a late Sultan to a former dook. Here eaur party wer takken charge of bi a "Hebe," as pratty as Hebes are generally supposed to be, an' as evidently felt her importance an' responsibility, an' givin' yoa th' impression that hoo wer lukin forrud to th' day when hoo'd be a duchess hersel.—Hoo marched us to chapel; up staircases; through state rooms; picture galleries an' library; but hoo wer not of a very communicative character, an' whot hoo did say wer hard to get howd on, so aw turned mi attentions to "Bobbard," who aw thowt owt to know summat. But he intimated 'at—as far as he'r consarned—if aw didn't seek to know less, ther'd be a deeath i' thoose parts afoor lung, so aw pushed mi road to'ards "Hebe" agen, still thirstin for information. But chief steward "Gallus," wi' his wicked e'en an lurin' smile, guessin mi intent, soon had her engaged i' a whispered an' strictly confidential conversation. So aw wandered away by misel, an' communed wi' th' "Owd Mesturs" an' their paintins till aw geet bewildered—for aw cudn't see 'at they wer any better than th' new uns. An why should they be? Happen ther o bein deead, an' th' pictur-deealers havin' it o ther own road may ha' summut to do we it. Well, aw sidled on till aw come to a modern original, as is coe'd "*Laying down th' law*," which shows you a lot o' dogs of o maks peearched reaund a table, an' a sage-lukin weel-grown poodle on th' top wi one paw furrud an' firmly set, as if he'd just sed summat 'at defied contradiction.

Well, th' comical an' knowin' expressions exhibited on these dogs' faces set me off laughin till aw fairly chinked agen. A nudge caused me to turn reaund, an ther're a lot of other folk laughin but sayin nowt; an' one chap pointin to a sleek an' sly lukin greyheaund. "Aye," aw sed, "that's one o' them fellys as luks as if he'd lick yoar hond while makkin' a lot ov a'doo on him; an' tak a fancy to a bit o' your leg when leeavin him. Aw've known men o' that pattern!—Sneaky, oily-tongued rogues wi' a semblance o' honesty i' ther face, an' ut ud fawn an' flatter an' follow yoa, as lung as yoa wer doin for 'em. But once stop doin, they'd turn reaund an' seize th' fust opportunity o' stickin their venomous fangs into yoar reppytation an—Well, aw'll be *hanged!* Sowd agen!" An' aw moved off sharp:—Aw'd bin talkin to a lot o' deeaf an' dumb folk ut wer bien shown through!

Makin off after mi own party through th' statuary an' th' orangery into th' private greaunds, aw o'ertuk 'em just past th' greight cascade, wheere a yungster as ud bin takken on as guide wer tellin 'em ut if ony on 'em wanted to see th' Black Boy, they mun goo reaund that tree i'th' middle. Well, aw remarked 'at it luked like a gradely weepin' willow, for tears wer droppin' from every stem, as if i' sympathy for someb'dy ut ud just passed on before. But ther're nobbut two o' th' lot ut wer a bit curious, an' that wer a lass o' Wellington's an' Steward "Bason," as went confidingly alung, but had hardly getten started afore these tears began to pour deawn i' streeams, an' they, takken so mich bi surprise, didn't for a few seconds know which way to run, thinkin' it wer a sudden thunder-storm that had o'ertakken 'em; but seein' us stood hee an' dreigh, an' laughin' like mad, they bowled forrud, amazed *an'* amused at th' watery joke, an' noan a bit th' worse for their unexpected drenchin.

Shovin stones, weighin aw doant know heaw mony tons, o' one side, we coom to th' grand conservatory, built wi' 1851 Exhibition glass. But lorgus gudness! it wer that hot we wer glad to hurry through. Talk abeaut meltin moments; they wer turned on i' full just then. "Gallus'" wife an' misel seemed to suffer mooast, becose aw reckon we'd mooast to carry. We wanted to mak tracks to'ards th' outer gate, but that young beggar kept us together like a flock o' sheep. It wer a forced, parched march under an Indian sun, abeaut 125,000 degrees, an' when we did come to that green mound shaded bi trees, that wer selected to rest eaur limbs under, an' to slake eaur burnin throats, ne'er wer " Moet," "Schweppe," an' them other fellies, mooar welcome or better appreciated. Th' stewards worked wi' a will 'at seemed a pleasure, an' we'd a deep pleasure i' sendin 'em mony times empty-honded away. Ther wer nowt yerd for hawve an heaur but th' jingle o' glasses an'—"Steward." An' then Commodore Pike proposed Captain George's health, an' th' Captain responded as follows.—Aw give yoa his speech verbatim—p'raps more so.—He sed :—" Ladies an' gentlemen,"—an' o stood up but th' ladies—" Aw con hardly tell yoa whot pleasure it gives me to be amung yoa this day, surreaunded as I am bi beauties of Nature an' Art, an' supported bi mi faithful an' mutinous crew. Here in eaur rear we han' th' limpid sparklin' Derwent, rollin' on i' its placid an' restless way to—no matter wheer. Here, too, i' eaur van, we hav its sportive deer, an' th' dear ones of eaur hearts, an' present an' future homes ; wi' a backgreaund o' trees that has stud for generations, or mooar, an' a foliage that connot be surpassed. In Art, we luk uppo' that noble pile o' th' Cavendishes an' its contents,—an' that slim yung mon whose name shall be nameless, but whose mission it is to strike yoar likenesses onto papper that shall endure until fire, or time, or other calamity shall destroy.—Aw say agen, it gives me pleasure to be wi' yoa to-day, becose ther is a strange coincidence between this day an' this day ten yers ago. This day ten yers ago, ladies an' gentlemen, aw fowt an' won, wi' a pair o' sculls, th' battle of Agecroft Bridge, an aw sed to mi wife this mornin' ut it wur a strange coincidence, that this day shud fo' uppo' th' same day o' th' wick, o' th' month, o' th'—aw wur welly sayin' th' yer—ut aw won my spurs—if aw may ca' um so—at Agecroft. An' i' celebration o' that day, aw'll adorn mi vest wi' th' medal aw wur then presented wi. An' this medal as aw neaw wear attached to mi albert, is that medal won on this day ten yers ago. But this day (ten years at after)—which may keawnt as one o' th' happiest days o' mi life—aw gain a prize that will awlus be held dear to mi heart, an' it is that o' this day aw've been appointed Captain to so gallant a ship as th' "*Alexandra*,"—a ship 'at has braved mony storms, an' that aw receive—alung wi' this appointment—your best wishes, sincerely expressed, for' th' health an' welfare o' misel' an' family. An' aw beg to propose th' health o' th' ladies." Which he did, an' which—it's needless to add—we drank wi' enthoosiasm.

"Raven," "Bason," an' "Dibber" drew lots as to who shud respond, they bein' th' only bachelors present. "Dibber" won, an' said he wur pleased an' honoured, but, at present, he'd "no marryin' intentions,"—but he made hissel as agreeable as he could shap' to one partickular one that day for o that.

Makkin eaur way back to Baslow, wheere we honoured th' "Wheat Sheeaf" wi' a co', we went on to th' "Hydro," wheer we'd tay an' cowd lamb, ham pie, sweets, an' so on.—We enjoyed eaursels as weel as in us lay, but th' place—as fur as we're consarned—may be described as cleean, commodious, an cheerless; tho' it's a favourit' resort for a seet o' folk—ther 're uppards o' eighty stayin' theer at that time.

Well, we left th' eighty odd—an' drove on to Hassop to meet eawr train an' th' missin' nips, londin' i' Manchester a two-three minits after nine, an' havin' spent one o' th' happiest days (wi' one o' th' merriest crews that ever stepped on shore) it's yet bin mi lot to chronicle.

THE 1887 JUBILEE.

Aw've catcht on at last. Au thowt aw wer beawn to 'scape, but it's no use. Aw kept eawt o'th' road as mich as aw cud, but at every turn aw wer met wi' Jubilee! Jubilee! If aw picked up a papper, or luked at a poster, it wer Jubilee! If aw wanted a "drink" or a lozenge, it wer Jubilee! If aw tuk a ride i' a threepenny tram or a penny 'bus, Jubilee wer starein' me i'th' face. An' as mony o' mi naybours ha' gone season ticket, Jubilee mad, th' fayver's spread into eaur heause, and attacked o its members. Eaur Sarah ses hoo's lived long enoogh to begin to enjoy hersel, an' as lung as th' Exhibition's oppen, hoo meeans Jubilee!—hoo spends one day i' preparin' pork and gooseberry pastys, an' th' next day i' spilin' 'em. Little Joe ses he likes th' Exhibition better than skoo', an' owt to have holiday as lung as Jubilee lasts. He has o as he thinks he owt to have; an' th' glaziers i' eaur parts are kept busy, an' th' telegraph wires is weel ornamented wi' kite tails. Th' big 'uns ha' gettin' th' craze on gradely, an' moor than once bin lost. Aw Jubilee'd misel' on Jubilee Day bi watchin' them poor ragged skoo' childer file eawt o' Albert Square, an' mi heart geet sumwheer abeawt mi windpipe, an' th' tears well'd into mi een as aw stud an' wondered "Who wer ther fayther, Who wer ther mother, Had they a sister, Or had they a brother?" An' wheer wer they?—Livin'; deead; i' prison; or i' want?—Mony on 'em luked as if they'd bin waitin' o neet for that mornin's brakefast, an' wer carryin' a surplus i' ther hankerchers, mayhap to surprise sum little 'un a' whoam. Not a few on 'em wore a gallus luk, an' aw dar say are no eend o' trouble to thoose kind souls who sacrifice time an' strength to keep 'em straight.

God bless thoose same kind souls i' ther gud wark, say I, an' may ther labours ever be rewarded wi' grateful hearts.

Surely sich a procession as this never befooar wer seen. Little feet i' big shoon sluthered alung; arms dangled through pinched or too easy-fittin' sleeves; an' bodies wer cased i' tight or loose fittin' jackets an' frocks; but o wer dressed so as to show an effort had bin made to turn 'em eawt as daycent as possible, an' they marched pleasantly alung, headed bi several bands, moastly playin' "God Save the Queen" an' "Rule Britannia."—It wer indeed a day o' Jubilee to them!—It's yezzy enoof singin' when th' belly's full; but what abeawt th' morrow, an' heaw mony o' them poor childer 'll be i' heart to sing Jubilee—Jubilee?

Adjournin' to a place cloase by, aw wer pulled together agen by a "magnum," as wer shared in bi th' genial "Bee" an' another, an' her Majesty's health wer mentioned, while th' Teawn Ho carillors carilloned "God Save." Aw then betuk me to Worsley, an' fund th' greaunds swarmin' wi folk o on pleasure bent, an' full o' Jubilee. Comin' deawn to Eccles, aw made misel' acquainted wi th' owd folk o' th' parish as wer bein' entertained bi th' members o' th' Local Board an' other friends, fust to a dinner i' th' Co-operative Ho, and then a concert i' th' Teawn Ho. An' they seemed to enjoy thersels, th' owd folk did—th' owdest reachin' 96 yers.

While aw're stud talkin' at th' dur of a friend as keeps a plumber's shop, a woman cryin' "Shrimps! fresh shrimps—*Jubilee shrimps*—sixpence a quart!" coom up, an' sorely pressed th' missus to buy sum. Hoo, heawever, sed hoo didn't want any, but yieldin' to th' yearnest pleadins o' baby (four yer owd) to get him sum, hoo ordered a pint. Th' hawker then fund hoo hadn't got a measur', an' asked Mrs.

Plumber to lend her one. That lady sed hoo hadn't got sich a thing as a measur' in th' heause. Young hopeful yerrin' this, an' fearful o' losin' his shrimps, reminded his mother that they had one, for he'd seen it. "Well, sonny," sed th' mother, rayther surprised, "it's mooar than aw've seen; but go an' fetch it." "Baby" ran off, an' returned immediately, bringing with him a two-foot rule.

Makkin mi way to th' Exhibition, aw coom up to a Scotchman, tartan'd fro yead to fut, an aw asked him heaw he felt an' what he represented; an' ses he, "I represent a Hoighlander of Charles Edward's." "An' art ta a Highlander?" "Yes, sor,—oim an Irish Hoighlander." That's as much as aw've Jubilee'd, an' th' fayver's left me; weak but convalescent.

R-DICK AT SOUTHPORT.

> What a blessing 'tis, dear mother,
> Weddings don't come every day.

Aw once played a leadin part at a weddin, and "eaur Sarah" wer th' leadin lady. We wer natrally a bit nervous and shy, but we geet through mich to th' satisfaction of o present—th' stars included! Aw then walked quietly back whoam agen. Th' parson an th' witnesses who took a hand in that interestin ceremony are lung since deead, an th' chapel's bin twice o'er converted into a music ho. We've struggled on wi a big family an a smo income, till neaw we're passed th' half-way heause on life's hee road. On eaur way we've met wi mony folk an mony experiences—some gud, some bad, and others worse. May thoose at're startin fro th' same station meet wi mooar sunshine an less mishaps than 'as bin eaur share, an arrive at the journey's eend wi as leet hearts, and grieve noan.

Well neaw then, though aw've nobbut figured once as leadin mon—quite enough, mind you—aw've neaw an agen bin coed on to play a subordinate part; a part mooar suited to mi likin, mind you, becose awm enjyin misel an makkin merry beawt sarious responsibility, an away fro th' bilious weddin' cake an th' still moor bilious weddin' speeches. Well, last Setterday wer a day o' this sooart.—In as far as enjyment went, a red-letter day. Awm speakin' neaw for forty others beside misel fro' th' same works. Th' occasion wer the marriage of another of eaur mestur's dowters—an eaur place of rejoicin wer Southport.—Neaw, Southport isn't a place wheer rejoicers rejoice to goo as a rule; but it's well enough if yo've nobbut a short time on yoar honds.

Whol aw're stud bi th' side of eawr saloons at th' Victoria; th' station-mestur an th' mestur o' th' warkheause come up an asked me wot th' party wer, as they missed mony familiar faces, an thowt aw'd getten i' strange company. Aw towd 'em it wer a bit strange, though we wer fro th' same place, an wer gooin a celebratin an event at wer takkin place i' Broughton maybe abeaut that time. Well, they sed we wer a dacent-lukin lot, and thowt at first it met be a deppytashun fro th' Imperial Institute. Aw thanked em for th' compliment, an we steamed eaut under ther patronisin' nods an' encouragin' smiles.

Arrived at Southport, we lunch at th' "Prince o' Wales," an then it is suggested by one o' eawr members, wi a poetical turn o' mind, that we should "take a stroll by the sad sea waves, and watch the foaming billows dash along the steepened shore." Well, we did th' promenade, but th' moanin o' th' sad sea waves wer far beyond eawr ken, an th' foamin billows wer sumwheer between us an' New York. They generally are, when awm theer, but folk at lives on th' spot, do say they've seen 'em—occasionally.

An artificial lake dug i' th' fore-shore afforded us hauf an hour's boatin diversion, wi th' result that "Greys" and "Whites" triumphed o'er "Prints" an "Cuba," * an a gud wettin to booath. A walk to Churchteawn enabled a few to decorate ther buttonholes, and a switchback ride prepared a gud appetite for a gud dinner at th' "Prince"—wheer we again made th' acquaintance o' "Mumm's" an "Bollinger,"

---

* Probably "departments" in a Manchester Warehouse are here meant. ED.—

whose necks had to pay th' penalty o' gud fellowship. Everybody connected wi th' consarn, includin bride and bridegroom, were toasted as jolly good fellows, an song and tale followed on, frequent an' free. Amung th' latter wer one towd of an owd servant at eaur place. Aw remember him weel. He wor a gud clerk and a good hond at whist; he'd a pugnacious temper an a bad cough, which tuk him off, poor fellow, before he'd reached his prime. Well, it seems he and three others had arranged to spend ther summer holidays at th' Isle o' Man. This wer befoar th' days o' Grand Hotels an Loch promenades an' sich, an wot hotels then existed wer ta'en up wi th' quality, those of a humbler class havin' to seek lodgins among th' cottages i' th' narrow streets o' Douglas. Well, it so happened that uppo this occasion ther're a greighter influx o' visiters than usual, an Bob—that're this chap's name—an' his friends had some difficulty i' gettin heaused, as they naturally wanted to be o t'gether, till at last ther inquiries browt 'em to a dur that wer answered bi an elderly dame wi a go-to-meetin sooart o' face, an a soft spokken tongue, who sed i' reply that hoo had but one room to spare, an that wer a double-bedded un, if they liked to put up wi that. "Oh," sed they, "that'll do very weel; it's just wot we want." An hoo sed, "Ther's another thing, aw hope you keep'n gud heaurs, an don't stay eawt at neets, for aw never allow my durs to be oppen after ten." "Oh, that's o reet; we're never eawt till that time; we'st be in bi *nine*." Well, that wer very satisfactory to th' owd woman, but th' quartette had a chuckle to thersels. So after they'd had sum baggin they set eawt for a stroll, an didn't turn up agen until past eleven. After knockin at th' dur for sum time it wer oppened bi th' owd woman, whose temper seemt a bit ruffled, aad hoo sed, "Yoar mich beheend time, an o mi other lodgers ha' gone to bed. Aw connut do wi' this sooart o' thing." "Well," they sed, "we *are* a bit late, that's sartain, but we geet further away than we intended, but hurried to keep faith—it shan't occur agen." "Very well," sed hoo, "get yoa to bed, an be as quite as yoa con." So they crept gently upstairs to their room, an fastenin th' dur beheend em, they made for ther beds, where they lee quiet as mice for abeaut a quarter of an heaur—when, " Neaw then lads "—an four forms shot upreet i' bed, as if touched bi magic, an ther voices trilled eawt in a high key—

>John Brown's knapsack's number ninety-two,
>John Brown's knapsack's number ninety-two,
>John Brown's knapsack's number ninety-two,
>   As we go marching along.

Th' owd woman coom knockin' at th' dur, an' coe'in' eawt " What iver's to do wi yoa ? Goo to sleep, an don't be disturbin' th' neighbourhood i' this way.—Th' idea, singin' i' bed at this time—an' songs, too. Goo to sleep wi yoa !"—" O reet, missus; we're very sorry. We thowt nob'dy ud yer us; but it shan't occur agen." An' th' owd woman moved off mutterin' summat abeawt young rascals—quiet folk—no sleep! They had a quiet snigger to theirsels, an' lee deawn agen for another quarter-of-an-heaur or twenty minutes, when —" Neaw then, lads, another goo." Aw'll give it eawt two lines a time—

>" How doth the little busy bee
>Improve each shining hour "—

An' off they start leauder than ever. Bi th' time they'd getten through th' first line th' londlady wer at th' dur agen, knockin' and sheautin'—" Do stop that yeawlin' ! Han yoa gone wrang, or wot's the matter wi yoa ; aw never had th' likes to this i' mi heause befoor !"—" Well, we're sorry, missus, but we thowt as yoa didn't like a sung, yoa'd have no objections to a hymn; but it shant occur again." "Nawe," hoo ses, "if I once see yoa at this side o' th' dur, aw'll tak care it doesn't occur agen."—An' it didn't, for th' next mornin' they had to pack, an' though they'd nobbut fourteen days to spend, they spent um i' ten different lodgins.

AMUNG TH' BLACKPOOL GIPSIES.

"What a merry life we gipsies lead."—Sumtimes. Aw'd no sooner getten mi sun brunt features o'er th' dur step after holiday makkin at Blackpool, than eaur Sarah ses—a bit snappish like—

"Oh, an' thae's bin amung th' gipsies, has tha?"

"Aye," aw sed, "aw have. Whoa towd thee?"

"Oh," hoo sed, "tha connut go so fur, or do so mich, but what aw con get to yer on't. Th' very idea—gipsying—at thy time o' life—hum! Tha'd no 'casion to go theer to ha' thi fortin towd. Tha knows enoogh abeaut that; an' mich good it's done thee. Tha surely didn't think that they cud shift th' stumblin' blocks, and promise *thee* a futur o' gowd an' sunshine—if tha only lived lung enoogh."

"Gently, gently, mi gentle Sarah," aw sed, "tha'rt kestin beawt thi slate, mi jewel. Aw never sed a word abeawt mi fortin, past, present, or to come. Nor them noather. An' that's o that passed uppo that question. Aw dar say they thowt aw wer weel off, and aw never hinted at th' difference.

"Well, an' if that werno' thi aim," hoo sed, "what tuk thee theer?

"Oh, nowt i' particular," aw sed, welly thrown off mi guard. Aw'd yerd of a couple o' gazelles bein' i'th' camp, an' aw just went to look reaund, an' see heaw the're gettin' on."

"Aye," sed hoo, apparently gettin' interested, "an what's gazelles?"

Well, this rayther staggered me, for Buffon an' me wer never very intimate, but aw perceeded to describe 'em as "a graceful symetrical animal, tawney skinned, full an' intelligent e'en, quick of ear, nimble o' foot, an'——"

"Heaw mony feet han they?" hoo broke in.

"Well, Darwin sed that mon originally——"

"Well, ne'er mind what Darwin sed; he're like a gud mony other men, aw dar say, sed a deeal mooar than he knew what he're talkin' abeawt. Heaw mony legs had they?"

"Well, as aw wer sayin' Gallus an' Barker——"

"Oh, an' *they* wer gazellin wi thee, wer they? Nice sport you'd have, aw dar say, wi' these pets o'th' family, aw reckon."

"Pam an' Eva," aw sed, quite unconciously.

"You'd may be stop an' have a cup o' tae wi 'em, for aw shudn't be surprised to yer the're gien that way? An' happen a drop o' summat short wudn't be taen amiss, noather?"

"Well, nawe," aw had to confess, "aw don't think it wud; but aw see it's no use tryin' to edge wi' thee, tha'rt never very far wide when tha gets on th' reet road. They are of a two-legged breed. Nobbut we didn't stop to tae, for this wer before dinner, but we promised to co agen sum day, an tak eaur missisis an' a camp cheear wi' us. They sed they shud be delighted to see us, and wud do ther best to mak us comfortable." This kind o' smoothed matters, an' aw wer left to record mi thowts an' movements uninterrupted.

It's a question whether Blackpool ever held so mony visitors i' one week as it did this last Whit-week, an' aw dar say it'll be referred to i' yers to come as th' biggest week ever known. Everythin' wer i' its favor. Th' sun wer on full time an' hee pressure every day, an' th'

> "Moon taking hold of the reins of the night,
> Drove steadily on in her chariot of light,"

which rendered neet lovely. Th' mornin' tide flowed gently in beawt th' semblance of a ripple on the surface, which gan th' boatmen a chance o' reapin' a little—an' much-needed—harvest, and then gracefully retired in favor of an afternoon's innings for th' donkey drivers. Punch an' Judy skriked an' knocked thersels into a good business, an' th' minstrels did a roarin' trade. Th' waxworks had getten a "correct likeness o'th latest murderer" (afore one had bin seen), an' as th' mon at th' dur sed, " Kings an' queens of o sizes, sexes, an' ages," which drew in hosts of the curious. Aw th' piers wer crammed, an' ther 're steeamer sailins to different places fro' each. Aw never saw sich a thing i' mi life, th' streets wer as thrung at seven o'clock i'th' mornin' as Market Street, Manchester, is at one o'clock of a Setterday. Bands o' music wer playin' an' on th' South Pier ther 're a lot o' young folk gooin through a set o' quadrilles. Neaw just fancy that! Aw've known o' parties startin at th' o'er neet an' doancin till welly that time i'to' mornin', but this is th' fust time aw ever saw or knew 'em to start so early i'th' mornin', and' that i'th' oppen too. Passin' on up th' North Shore at th' same time aw saw billiards bein played through th' window of a hotel known as th' Palatine. Th' rulin' passion—yoa see—strung at any time, an' any wheer. Vehicles wi' horses an' beawt horses wer movin' cargoes o' livin' freight abeawt, an' th' artists' studios cudn't find even stondin room for ther subjects. It wer a pleasure to me watchin' other folk enjoy thersels, each after ther kind—tho' sum on 'em wer a bit rough, an' owtn't to ha' bin let loose. Aw contented misel bi saunterin' abeaut, lookin' on an' sniffin' th' briny, wi' an occasional rest at "Liston's" camp—well, bar, if yoa like it better—which he's pitched on th' Talbot Road.—An Harry's o theer. In these efforts aw wer weel seconded bi "Gallus," though he's one o' thoose sooart ut wants a deeal o' stickin' to. Yoa think yoa have him, an' yoa haven't; he'll tak a sharp walk, but a short un, botherin' i' a creawd or a market. Yoa may stond by whol he's pricin' a chicken—or wallflowers, an' when yoa luk reaund to wheer yoa expect to find him, yoa'll happen see him at th' fur eend of a street strikin' a match.

Passin' a shop wheer they wer sheautin fro' th' dur, "Pies all hot—this way for yoar pies," we enquired what sooart o' pies they wer, an' we're informed that they wer "Melting Mobrys." We promised to co again when they'd set. "Gallus" is greight on pies, an' taks mony opportunities of encouragin' his greightness.

Blackpool, as a teawn, is improvin' vastly, but th' "powers" that be seem to ha' quare notions abeawt mony things, sum may be laudable but sum ridiculous.

Here yoa may see a mon wi' a seck bi his side, chasin' an' pickin' up a stray bit o' papper that may have held a bun, a chocolate, or an orange, whol at a busy turnin' a row of oyster stalls exist, to pass which, if yoa dunnot want yoar breeches weet, yoa mun turn 'em up at th' bottom, or run th' risk o' bein' run o'er wi' a bus or a tram-car. Ther're a policeman runnin' in a poor lad, wi' a monkey at th' eend of a string, as a nuisance an' causin' an obstruction—he wer acquitted on promisin' to leeave th' teawn at once—whol Christy's disciples* may force yoa into th' middle o'th' road to pass ther surroundin' admirers. An' just see this!—A decoy is sent into a gipsies' tent to get her fortin towd, whol a landau is in hidin' wi' an escort o' police to hurry th' "teller" off at once befooar th' magistrates, an' after bein' locked up an' boarded for a neet, remanded, an' is eventually discharged beawt costs—except thoose she has to provide for her defence. Neaw these gipsies han bin patronised an' tolerated for fifteen yers, an' afore they pitch a stick on th' sond have to pay a rental of a gud mony

---

* Please, Sir, ain't this a bit verging on the profane?—*Printer's Boy.*

peaunds for th' few months they stop theer. They dunnot goo sneakin abeawt back durs importunin' silly sarvant lasses to ha' ther fortins towd, but confine ther business to ther own tents. If yoa want to see 'em yoa mun goo to 'em, an' if you want eawt yoa mun expect to pay for 't. An' wot yoa pay's left to yoa,—they'll not ask for owt.

Whol " Gallus " an' " Barker " wer talkin' to th' gals (short for gazelles, yoa see), aw're takkin a quiet survey o'th' interior o'th' tent, an' at th' fur eend ther're a sooart ov raised covered bench, which mi imagination pictured as th' neetly roostin' place o'th' " Queen o' Mullinger," whol through th' canvas roof just above, wer pierced a lot o' holes, varyin' i' size fro' summat less than a three-penny bit to a shillin' piece. I'th' distance it luked for o th' world like a miniature sky, th' breet sun reflectin' throo 'em leetened 'em up like so mony stars. Whether this had bin dun for effect wi' sumbody havin' an astronomical knowledge so as to combine science wi' ventilation aw cared not to enquire, but theer it is. Close by a canary i' its gilded cage was singin' merrily its lay, an' a grumpy parrot, an' a deeaf dog wer restin' after ther own fashion at each side o'th' entrance. Chairs an' tables ther wer noan; th' greaund, which is weel carpeted, sarvin' for booath, an' their toilet is performed at a similar elevation. Mi reverie wer interrupted by bein' towd aw wer very quiet, an' aw sed aw wer, an' believed aw wer born so. They then asked me if aw'd like to be a gipsy, aw sed mi inclination just then wer leanin' that way, but it wer a matter for further consideration, an' aw'd let 'em know later on. Heawever, for them that's curious, ther's lots to interest 'em—and

  An heaur or two may be joyfully spent
  Wi' the gipsies free, in their gipsy's tent.

EXHIBITIONING.

Have aw bin to Glasgow sayn you? Aye, awve bin to Glasgow. An aw shall never forget *bein'* i' Glasgow. It's sum yers sin neaw. Ther wer a procession o' "Erin-go-braghs" gooin on, an' a sheawer o' rain comin' deawn, so aw tuk refuge under th' roof of a " Temperance Hotel."—Eh ?—Well, "temperance" wer written aboon th' dur aw con swear, but aw don't know that it maks mich difference. Well, whilst aw're shelterin, sumb'dy walked off wi mi stick, an' follerin th' directions gi'en, aw walked after it, an' walked until aw lost mi reckonin' an' missed mi train. It happened to be a Setterday neet, an' this wer th' last train eawt to wheer aw wanted to get to—Carlisle, so aw wur beaund to stop till Monday mornin', as they didn't run trains on the "Sawbath." —" Nae sick desecration d'ye ken."—Well, th' next mornin' aw felt i' an awful plight, for aw'd noather collar nor razzor, an' aw couldn't borrow or buy becose it wer th' "Sawbath," an' mi chin wer never adorned mooar an' mi neck less than that " Sawbath " i' Glasgow. But aw feaund that if they didn't use th' railway for convenience, they used th' wayter way for pleasure, and followin' a string of folk gooin i' one direction aw londed uppo th' " Lord of the Isles," beaund for Rothsay, an' sailed deaun th' Clyde wi th' church bells an' beer glasses ringin i' mi ears.

" What aw meant," sed Gallus, 'at aw'd not seen for some time, " an' what aw wanted to know wer if thae'd bin to th' Exhibition." " Nawe," aw sed, " but if thae'd asked me if aw'd bin to th' Italian—if aw'd bin to th' Danish—if aw'd bin to th' Irish exhibitions, aw'd ha' sed aye." Why, mon, aw wer actually invited o'er to Alexandra (Palace), an' asked if aw'd like to goo up i' a balloon an' jump deawn i' a parasol, but I refused straight eaut aw con tell thee. I towd em aw didn't often draw lines, but aw drew 'em at balloons an' coal pits, an' aw never tuk a jump oather up or deawn beawt makkin' sure furst of a safe leetin', besides i' th' present state o' mi club-card it ud hardly pay to send me whoam i' parcels, an' some o' th' pieces short. "Well, an' what abeaut th' exhibitions?" "Well, th' Irish is a gud, instructive, an' marryin' place, an' if mooar o'th' Irish wer to come o'er an' see for ther'sels heaw ther products an' ther maidens are admired they'd blarney less an' reeason mooar. Th' Danish—well, its neaw o'er, but it *wer* gay. Aw saw it after day leet, an' it wer revelry. Fairy dells, fairy lamps, fairies everywheer, whichever way you luked, color'd dazzlin' leets an' e'en met yoars, an' aw geet so bedazzled aw tuk a cup o' "Boviner always hot," just for th' luks o' th' thing. But neaw th' leets is blewed, an' th' fairies flowed, an' Hammy's gone whoam to his ma—but wheer aw enjyed mi sel mooast, an' spent mooast o' mi time, wer at th' Italian exhibition. "Wallitt" wer on i' this scene, but he didn't think he could get through wi credit to his'sel, beawt he knew summat o'th Italian language, so aw left him for a time takkin lessons of an engagin' purveyor at a bar o'th' English malt an' mineral section, an' aw went an' had a word wi Burly Tom o' Yankee fame, who's bossin th' press wark o'th' job; but when aw geet back he'd getten no further than "Signora, a smo brandy an' soda," so we roamed on to th' Roman Coloseum, wheer we tuk up eaur position abeaut th' same place as aw'd witnessed Buffalo Bill's Wild Westeries a twelvemonth befoar. Aw seem'd to drop off o at once into dreamlond, for th' surreawndins fixed mi imagination uppo' th' Roman Empire i' Julius Cæsar's days. Roman swells an' beauties, sum real an' sum painted, but lookin' so mich alike i'th' distance at you con hardly tell which is which, wer circled i' rows one aboon another till th' ceilin' wer reached. Toga'd and sandal'd mortals wer movin' abeawt i' o directions; an imperialism itsel' bestowed its laurel wreaths fro' a private box uppo' th' victors i'th' various games an' contests. That mooast o' these games died wi' th' empire is a blessin', for they would only sarve to show public murder as a pastime, an' the noblest of them all "gloryin' i' its horrors." Mich mooar to my likin' wer' th' wrostlin', foot-racin', chariot-racin'—mon *varsus* horse an' chariot—an' sich like. These wer excitin' enoogh for onny evenly-balanced mind, for aw believe ther're a money prize gi'en to each winner, so at ther's an encouragement to emulation which lends a degree of earnestness to o concerned. An' then th' grand procession an' march past is a spectacle at one does'nt often have a chance o' seein' i' these days, an' owt'nt to be missed bi onybody at con get anywheer near it. Aw watched the last mon—aw beg his pardon—Roman eaut o'th' arena, an' saw th' last beauty glide deawn fro' her peearch, an' seet starin' at th' immoveable painted portion o'th' audience at luked so lifelike, till "Wallitt" gan me a nudge as welly sent o th' breath eaut o' mi body, and browt me back to ornary, every-day life. He said th' sittin' had been a long 'un though interestin', but he felt that befoar he could enjoy any other part o'th' exhibition he'd be like to tak another lesson, becose it made things so mich easier. So we adjourned to th' class wheer sich things are to be had, an' had one-a-piece. We then set off on a slow marchin' pictur' an' art gazin' tour through th' various sections, and not bein' what you may strictly co' art critics, we lumped o together an' agreed to a verdict of "Its really splendid!"—"Wallitt" wer loth to leeave, he said th' language even wer charmin', he liked to yer it spokken, an' he felt as he'd yerd or read sumwheer that Italy wer indeed th' "Lond of sung." An' he thought wi' a few mooar lessons he'd be able to astonish the Lungseet Mechanics' by warblin' 'i Italian, "The heart bowed down." But a city engagement put a stop to takkin in further degrees, an' we sallied forth to swell that greight city's madding creawd, an' meet "Bearskin Harry." Whether we, or th' city, or Harry profited mooast bi that meetin' history sayeth not, but "Wallittini's" warblin' will not be yerd at this season's concerts.

www.ingramcontent.com/pod-product-compliance
Lightning Source LLC
Chambersburg PA
CBHW080435110426
42743CB00016B/3176